Das Großeltern-Buch

Das Großeltern-Buch

Der Ratgeber für eine ganz besondere Beziehung

MIRIAM STOPPARD

DORLING KINDERSLEY

DORLING KINDERSLEY
London, New York, München, Melbourne und Delhi

Für Eden, Violet, Zac, Brodie, Olivis, Esmé,
Catherine und Hebe, Maggie und Evie

Redaktion Jinny Johnson
Bildbetreuung Kathryn Gammon
Bildredaktion Peggy Sadler
DTP-Design Sonia Charbonnier
Umschlaggestaltung Nicola Powling
Layout und Designassistenz Vicky Read
Herstellung Rebecca Short
Chefbildlektorat Marianne Markham
Art Director Peter Luff
Programmleitung Corinne Roberts
Register Elizabeth Wiggans
Korrektorat Jill Williams

Für die deutsche Ausgabe:
Programmleitung Monika Schlitzer
Projektbetreuung Kerstin Uhl
Herstellungsleitung Dorothee Whittaker
Herstellung Mareike Hutsky

Bibliografische Information Der Deutschen Bibliothek
Die Deutsche Bibliothek verzeichnet diese Publikation in der Deutschen Nationalbibliografie;
detaillierte bibliografische Daten sind im Internet über http://dnb.ddb.de abrufbar.

Titel der englischen Originalausgabe:
The Grandparents´ Book

Übersetzung Henriette Zeltner
Redaktion Uta Leidenberger

ISBN 978-3-8310-1210-7

Colour reproduction by MDP
Printed and bound in China by Hung Hing

Besuchen Sie uns im Internet
www.dk.com

Inhalt

Vorwort

Dies ist ein sehr persönliches Buch.

Als ich es schrieb, war ich achtfache Großmutter und erwartete gerade zwei weitere Enkel. Es ist ein *Spiegel meiner Liebe,* die ich für meine Enkel empfinde – und kein Lehrbuch. Es entspringt zwar meiner Erfahrung als Mutter, handelt aber von dem, was meine Kinder und Enkel mich gelehrt haben.

Ich habe erkannt, dass ich eine blutige Anfängerin als Großmutter bin. Und das, obwohl ich meine eigenen Kinder großgezogen habe. Wenn man sich das einmal klargemacht hat, ist man als Oma oder Opa schon sehr weit. Und mit der Zeit lernt man immer besser, »den richtigen Moment abzuwarten« und auch mal »seinen Rat für sich zu behalten«.

Ich hätte mir nie träumen lassen, dass ich durch meine Enkel die gleiche Liebe erleben würde, die ich für meine eigenen Kinder bereits empfunden habe. Gleichzeitig erkannten meine Kinder, wie sehr ich sie liebe, indem sie sahen, wie sehr ich auch ihre Kinder liebe. So schließen Enkelkinder den Kreislauf der Zuneigung zwischen Eltern und Kindern.

Das *Großeltern-Dasein hat einen weiteren unerwarteten Vorzug:* Ich habe erkannt, dass meine Kinder umwerfende Eltern sind – liebevoll, gewissenhaft und fürsorglich.

Nie war mein Bewusstsein so geschärft für den Rhythmus des Lebens und meine Dankbarkeit dafür so groß.

1 Spaß am Großeltern-Dasein

Die meisten Großeltern werden mir sicher zustimmen: Es ist eine einzigartige Erfahrung, seine Enkelkinder zu lieben, sie etwas zu lehren – und natürlich auch von ihnen zu lernen. Viele von uns dürfen dieses Vergnügen mit dem Älterwerden erleben.

Es lohnt sich darauf zu warten, Oma oder Opa zu werden. Großeltern bilden für die Familie ein starkes Fundament, sie geben Halt und stabilisieren das Geflecht der Generationen. Sie sind eine Art menschlicher Mörtel, der die Familie zusammenhält, egal, wie klein oder groß sie sein mag. In einer solchen Familie können Kinder mit dem schönen Gefühl aufwachsen, dazuzugehören. Indem sie den Kindern helfen, mit Erwachsenen aus Verwandtschaft oder Freundeskreis ungezwungen umzugehen, können Großeltern ihre Enkel auch auf das Leben außerhalb des geschützten Familienraumes vorbereiten.

Großeltern können ihren Enkeln viel **ermöglichen** *– sie ermutigen, ihre Persönlichkeit zu entwickeln und* **Ziele zu erreichen**

Großeltern können ihren Enkeln außerordentlich viel ermöglichen, indem sie sie ermutigen, ihre eigene Persönlichkeit zu entwickeln und ihre Ziele zu verfolgen. Großeltern sind oft geduldiger, philosophischer, toleranter und mitfühlender als Eltern. Mit Kindern umgehen zu können – das ist eine Gabe, die man über lange Jahre hinweg erwirbt. Enkelkinder lieben diese Gabe. Die besten Omas und Opas können Probleme wie Wahrsager vorhersehen und oft – durch Ablenkung oder gutmütige Überzeugungsarbeit – wie von Zauberhand aus der Welt räumen.

»Oma hilft«

Weil Großeltern in der Regel gelassener sind, haben sie mehr Zeit, Dinge zu erklären und bringen genügend Geduld auf, um einem verzweifelten Kind, das vor einer schwierigen Aufgabe steht, zu helfen. Wenn Omas Mantra »Oma hilft« lautet und sie auch danach handelt, wird rasch der Zeitpunkt kommen, ab dem Ihr Enkelkind Sie mit »Oma, hilf mir« in seine Welt einlädt. Und wenn der Opa seinem Hobby Gärtnern oder Autos zerlegen mit »Opa zeigt es dir« frönt, dann wird er bald mit »Opa, zeig's mir« bestürmt. Ihre Enkel werden Sie schnell als Trainer, Vorbild oder größten Fan sehen. Und es gibt wohl keine schönere Rolle – denn damit haben Sie einen festen Platz in ihren Herzen, den niemand sonst einnehmen kann.

Ihre Reaktion auf die Nachricht, Großeltern werden

Niemand warnt vor dem emotionalen Schock, der die frischgebackenen Großeltern überfällt. Klar, man hat seine Binsenweisheiten parat. Man reagiert auch entspannter, als man es mit den eigenen Kindern wohl je gewesen ist. Man geht gelassen mit den Krisen des Alltags um – Schwierigkeiten beim Stillen, Schlafprobleme oder Trotzanfälle. Und ja, man kann das Enkelkind am Ende des Besuches wieder an die Eltern abgeben, man ist nicht im gleichen Maße verantwortlich. Das ist alles richtig. Aber diese Vorzüge erreichen lange nicht die Wucht, die folgende Erkenntnis für mich hatte: Durch seine Enkel durchlebt man genau diejenigen Gefühle, die man mit den fruchtbaren Jahren einer Frau für immer verloren glaubte. Von wegen.

Über die Enkelkinder gewinnt man genau die Liebe zurück, die man für die eigenen Kinder empfand, als sie klein waren. Auf die Gefahr hin, scheinbar emotional zu übertreiben oder unfair zu wirken, muss ich zugeben, dass die Liebe zu meinen Enkeln das übertrifft, was ich damals für meine eigenen Kinder empfand.

Das ist aber noch nicht alles. Man gewinnt die damals verspürte Zuneigung nicht nur zurück, sondern durchlebt sie erneut, wie eine Filmwiederholung. In all diesen Jahren, in denen meine Kinder groß wurden und meine Liebe zu ihnen parallel mitwuchs, hätte ich mir nie träumen lassen, dass es mir eines Tages vergönnt sein würde, in emotionaler Hinsicht noch einmal eine junge Mutter zu sein: erfüllt von dieser alles verzehrenden, bedingungslosen Mutterliebe.

Aber BINGO! Mit dem ersten Enkelkind trifft dieses Gefühl mit gewaltiger Wucht mitten ins Herz. Ich traue mich sogar zu behaupten, dass es dem wunderschönen Zustand des Verliebtseins schon ziemlich nahekommt.

Wir erinnern uns sicher alle daran, wie es war, so verliebt zu sein, dass man einer Brieftaube gleich dorthin flog, wo der oder die Liebste sich gerade befand. Man überwindet Meere und Berge, reist Tausende von Kilometern, um einander – egal, wie kurz die Zeit auch sein mag – zu treffen. Ob ich auch für meine neueste Liebe die Erde umrunden würde? Darauf können Sie wetten. Elf Flugstunden, um nach Los Angeles zu gelangen und bei meiner jüngsten Enkelin Esmé zu sein? Das ist es wert. Mir bleibt auch gar keine andere Wahl.

Steckt denn ein besonderer Sinn dahinter?

Eine so allumfassende Leidenschaft muss doch einem höheren Ziel dienen als meinem individuellen Genuss! Der Grund dafür, dass Frauen nach der Menopause – dem Ende ihrer Fruchtbarkeit – wei-

Mein Sohn bemerkte, mit welcher Gelassenheit ich *seine neugeborene Tochter* im Arm hielt

terleben, besteht hauptsächlich darin, für ihre Enkel da zu sein. Während also unsere Kinder ihre genetisch betrachtet nützliche Zeit darauf verwenden, selbst Kinder zu bekommen, sind wir dazu bestimmt, lange genug zu leben, um ein Auge auf die Enkelkinder zu haben.

Dieser Kreislauf des Lebens ist zutiefst befriedigend und schenkt Erfüllung. Das also ist er, der Rhythmus des Lebens, den die ganze Familie hautnah empfinden darf. Mir wurde beispielsweise immer stärker bewusst, wie mein Sohn, Esmés Papa, ziemlich überrascht zur Kenntnis nahm, mit welcher Gelassenheit ich seine neugeborene Tochter im Arm hielt. Wie ich sie durch eine Schaukelbewegung beruhigen konnte, die ich in den Jahren mit vier Söhnen und sechs Enkeln optimiert hatte. Oder auch, wie ich die Sprache ihres Schreiens deuten konnte. Er lernte mich neu kennen und sah mich plötzlich aus einem anderen Blickwinkel. Er merkte, dass ich seine Tochter liebte, wie ich ihn geliebt haben musste. Ein weiterer Eindruck, diesmal rückblickend.

Ich erlebe meinen Sohn als fürsorglichen Ehemann und liebevollen, rund um die Uhr einsatzbereiten Papa. Ich entdecke in ihm den Vater, der er immer zu sein bestimmt war, und er entdeckt in mir diejenige Mutter neu, die ich für ihn eigentlich schon immer war. Wer hätte je mit einer solchen Belohnung gerechnet? Danke schön, Esmé – und ihr Enkel überall auf der Welt.

13

Die Biologie ist auf Ihrer Seite

Da die Menopause im Vergleich zu anderen Anzeichen des Alters relativ früh im Leben einsetzt, vermuten viele (wenn auch längst nicht alle) Wissenschaftler, dass es aus Sicht der Evolution gute Gründe dafür gibt. Je älter eine Frau ist, desto riskanter wird eine Geburt. Sie ist immer weniger fit genug, um für ihre Kinder zu sorgen. Deshalb, so die Theorie, täte eine Frau mittleren Alters besser daran, die Risiken einer Geburt zu meiden und sich mit aller Kraft auf ihre bereits vorhandenen Kinder und Enkel zu konzentrieren.

Diese Hypothese lässt sich mit dem Blick auf andere Säugetiere leicht überprüfen. Manche Tierarten beweisen die Nützlichkeit des Matriarchats, allen voran die Elefanten – hier sind die Vorteile für die Herde konkret nachweisbar: Elefanten leben in einem stabilen Familienverband aus Kühen und Jungtieren. Die Herde umfasst Mütter, Töchter und Schwestern; Männchen werden ausgeschlossen, sobald sie geschlechtsreif sind. Geführt wird die Herde von einer Elefantenkuh, die diese Position üblicherweise bis zu ihrem Tod behält; danach nimmt die älteste Tochter diesen Platz ein. Auch wenn Elefanten bis ins hohe Alter – noch mit über 60 – kalben, werden die Anführerinnen der Herde mit bis zu 80 Jahren nochmals deutlich älter.

Bei anderen Säugern wie den Elefanten ist die Matriarchin der Herde von erheblichem Nutzen

Das Matriarchat Diese Form des Zusammenlebens hat sich aus gutem Grund entwickelt. Die Matriarchin unter den Elefanten ist Beschützerin und Verteidigerin der Herde. Sie erkennt bedrohliche Feinde sofort und bei der Suche nach Futter und Wasser ist sie sehr erfahren. Das Wohlbefinden, das die Anführerin der Herde beschert, ist nach außen erkennbar: In Verbänden mit klugen Leitkühen gebären die fruchtbaren weiblichen Tiere insgesamt mehr Junge. Denn die Fähigkeit der Matriarchin, gefährliche Situationen zu erkennen, erleichtert all ihren Gefährtinnen das Leben.

Auch Wale leben im Matriarchat. Die Männchen schließen sich, sobald sie geschlechtsreif sind, oft anderen Verbänden an, die Weibchen bleiben dagegen lebenslang in der mütterlichen Familie. Wie Elefantenkühe verbringen auch die weiblichen Wale rund ein Drittel ihres Lebens in der Phase nach der Menopause. Diese Gruppen von Weibchen versorgen und beschützen ihre Jungen gemeinschaftlich. Bei Walpopulationen, die bejagt werden und aus denen die größten Tiere getötet werden, liegen die Geburtenraten am niedrigsten. Könnte es sein, dass diese Populationen ihr gemeinschaftliches Wissen verlieren und sich deshalb weniger erfolgreich fortpflanzen?

Weibliche Herden Ältere Weibchen tragen zur Versorgung und zum Überleben der jüngeren Tiere bei. Manche Weibchen leben nach dem Ende ihrer Fruchtbarkeit noch 20 bis 30 Jahre, und man hat herausgefunden, dass sie weiterhin Milch für die Kälber ihres Familienverbands produzieren.

Auch Anubispaviane und afrikanische Löwen sind matriarchisch organisiert. Die Löwinnen gehen sogar so weit, dass sie Jungtiere einer anderen Mutter säugen. Die Großmütter hüten die Kleinen und unterstützen ihre Töchter bei der Sicherung des Reviers.

Warum leben manche Frauen so lange? Bereits vor rund hundert Jahren, als unsere durchschnittliche Lebenserwartung kaum über die Wechseljahre hinausreichte, gab es immer wieder Frauen, die deutlich älter wurden. Bei einem Stamm in der Kalahari und einem weiteren in den Wäldern von Paraguay konnte man beispielsweise beobachten, dass 30 bis 40 von 100 Frauen nach der Menopause noch etwa weitere 20 Jahre lang lebten.

Diese Beispiele für weibliche Langlebigkeit lassen sich vielleicht damit erklären, dass ja auch in Gefangenschaft gehaltene Tiere sehr viel länger leben als in freier Natur: weil es ihnen nie an Nahrung und Wasser mangelt und weil sie vor extremer Witterung, natürlichen Feinden und Krankheit geschützt sind. Möglich, dass dies auch der Grund ist, warum unter unseren Vorfahren die Frauen mit der Zeit immer älter wurden, nachdem sie sich in Gruppen zusammengetan und Behausungen gebaut hatten, gemeinsam zum Wohl der Gemeinschaft jagten, Werkzeuge entwickelten und ihr Revier zu verteidigen begannen. Denn sie fungierten damit als Quellen der Weisheit und der kulturellen Erfahrung, wie auch als Versorger der Enkel, die ihr mütterliches Vermächtnis weitertragen würden.

Die Evolution ist auf unserer Seite

Vielleicht hatte es damit zu tun, dass ich meine Mutter als großartige Oma erlebt habe. Jedenfalls kam ich zu der Überzeugung, dass Frauen einfach deshalb so alt wurden, damit sie diese so wichtige Rolle übernehmen konnten. Und dass die Evolution hinter all dem stecken musste. Erst war es nur ein Gefühl; aber irgendwann war ich mir sicher, dass wir dazu gemacht sind, über die Menopause hinaus zu leben, um unseren Kindern mit ihren Kindern zu helfen. Nicht jeder Soziologe oder Anthropologe stimmt mir da zu und beruft sich auf eine durchschnittliche Lebenserwartung von unter 50 vor weniger als hundert Jahren. Das sei für die Evolution eine viel zu kurze Zeitspanne, um unsere Lebenserwartung auf die »80+« zu erhöhen, die wir heute genießen.

Doch offenbar hat schon immer ein gewisser Prozentsatz Frauen über die Menopause hinaus gelebt. Eine Studie von finnischen, britischen und kanadischen Wissenschaftlern, die 2004 in dem Magazin *Nature* veröffentlicht wurde, erklärt umfassend die Vorteile weiblicher Langlebigkeit für die jüngeren Generationen.

> *Erst war es ein Gefühl, dann Gewissheit, dass wir* dazu gemacht *sind, über die Menopause hinaus zu leben, um unseren Kindern mit ihren Kindern* zu helfen

Die Betreuung der Enkelkinder scheint der Grund hierfür zu sein. Es gelang den Wissenschaftlern zu beweisen, dass eine Frau für jede Dekade, die sie über ein Alter von 50 Jahren hinaus erreichte, zwei Enkel hinzugewann. Nach Darwin könnte man argumentieren, diese Großmütter hätten ihren Kindern eine größere »Fitness« weitervererbt. Deshalb förderte die Evolution das Weiterleben von Frauen nach der Menopause, wenn dies zusätzliche Enkel bedeutete.

Gute Gründe für Großmütter Das alleine könnte als Daseinsberechtigung für Großmütter vollauf genügen. Doch es gibt weitere Argumente: Forschungen kamen darauf, dass Menschen, deren Mütter noch leben, mehr Babys bekamen; ein höherer Prozentsatz dieser Enkel erreichte das Erwachsenenalter. Darüber hinaus waren Mütter bei der Geburt ihres ersten Kindes jünger als Frauen, deren eigene Mütter bereits verstorben waren. Großmütter sind also ein wichtiger Fortpflanzungsfaktor. Weil Frauen, deren Mütter mehr als 20 Kilometer entfernt wohnten, weniger Kinder hatten, wurde deutlich, dass Kinderbetreuung eine wichtige Rolle spielt.

Die Lebenserwartung finnischer Großmütter lag damals bei 68, die kanadischer bei 74 Jahren. Ich finde es unglaublich, dass dieses Alter mit dem Alter korreliert, ab dem die Kinder selbst keine Babys mehr bekommen: Damit verliert eine Großmutter vom evolutionären Standpunkt aus die Erlaubnis zu sterben. Ich hoffe, dass meine Familie noch einige Jahre lang Nachwuchs bekommen wird.

Großeltern sind richtige **Kulturdenkmäler** *– sie sind der einzige lebende Bezug zur traditionellen Großfamilie*

Großeltern und die Gesellschaft

In einem Punkt sind Großeltern richtige Kulturdenkmäler: Wir sind ein beständiger Fels in der Brandung. Eine Brandung, die Großfamilien immer mehr verschluckt.

In jeder industriellen und technologisch hoch entwickelten Gesellschaft erfahren wir derzeitig das Ende einer unvergleichlich tief greifenden Revolution, wie die menschliche Spezies sie bis dato noch nicht erlebt hat. Es handelt sich um die Abschaffung von Verwandtschaft als Grundlage zwischenmenschlicher Bindungen. Das zieht zwangsläufig den Niedergang der Großfamilie nach sich.

Wenn Sie oder ich vor einigen zehntausend Jahren gelebt hätten – was in den drei oder vier Millionen Jahren der Geschichte unserer Spezies nicht mehr als ein Wimpernschlag ist – hätten wir einer kleinen Gruppe von Jägern und Sammlern angehört, die allesamt blutsverwandt oder zumindest »angeheiratet« gewesen wären. Diese Form der gesellschaftlichen Struktur hatte in Jahrmillionen der Evolution Bestand, weil sie über die lange Phase der Abhängigkeit der Menschenkinder von Erwachsenen und über die relative Schwäche eines einzelnen Erwachsenen in der freien Wildbahn hinweghilft.

Die Eltern allein hätten damals das Überleben der Kinder nicht sichern können, denn eine schwangere oder stillende Mutter ist nicht sonderlich mobil und ein Vater, der zur Jagd geht, kann nicht gleichzeitig seine Familie beschützen. Die Lösung dieses Problems (das in der Natur in unzähligen Varianten auftritt), ist die Einbettung der Kernfamilie aus Vater, Mutter und Kind(ern) in eine Gruppe, in der man sich die Kinderbetreuung teilt, in der man gemeinsam auf die Jagd und auf Nahrungssuche geht und in der Schutz und Verteidigung Gemeinschaftsaufgabe sind. Es liegt natürlich nahe, dass die Gruppe, in der man als Erstes nach Kooperation und Unterstützung sucht, die Familie – genauer gesagt: die Großfamilie – ist.

Die Allzweck-Großfamilie   Eine erweiterte Familie bedeutet, dass mehr als eine Generation von Eltern und Kindern zusammenlebt und ein Kind in eine Einheit hineingeboren wird, die nicht nur Eltern und Kinder, sondern je nachdem auch Großeltern, Onkel und Tanten, Cousins und Cousinen umfasst. Traditionell stellte die Familie auch die kleinste Arbeitseinheit dar. Sie erzeugte ihre eigene Nahrung, sorgte für ihre älteren Mitglieder und unterwies ihre Kinder in Fähigkeiten und Gebräuchen. Praktisch jede Funktion, die bei uns heute Schule, Krankenhaus, Sozialdienste oder die Justiz erfüllen, übernahm früher die Großfamilie oder das Netz miteinander verbundener Familien, das die nächst größere gesellschaftliche Einheit bildete.

In vielen Gegenden der Welt existiert die Großfamilie noch, bei uns sind die letzten Reste jedoch mit der industriellen Revolution verschwunden. Von da an hatten Familien das Nachsehen im Hinblick auf die Forderung der Industrie nach mobilen Arbeitskräften.

Künftige Generationen großziehen und ihr Überleben sichern   Wir sind bei Weitem nicht die einzige Spezies, die in Familienverbänden lebt. Oder sollte ich angesichts unserer modernen Industriegesellschaft besser sagen »lebte«? Es gibt zahlreiche Varianten des Verwandtschaftsprinzips, der Gedanke dahinter ist jedoch immer gleich: auf einem festen Territorium eine sichere Basis bereitstellen, die der Gruppe Zugang zu Nahrungsressourcen sowie Sicherheit und Schutz gewährt. Alle sozialen Lebewesen, Wale und Elefanten eingeschlossen, nutzen ein auf der Familie basierendes Netzwerk, das das Überleben und die erfolgreiche Aufzucht der Jungen sichert.

Ein Kennzeichen der Großfamilie überall auf der Welt ist die gemeinsame Versorgung der Kinder

Was haben wir mit der Großfamilie verloren? Ein allgegenwärtiger Wert der Großfamilie ist die Kinderbetreuung. Babys werden in eine Gemeinschaft hineingeboren, wo sie permanent von Stimmen und Aktivität umgeben sind und in der es nie an Armen fehlt, die zärtlich wiegen können. Die Erwachsenen der Gruppe teilen sich die Verantwortung. Die Kinder wiederum erleben gemeinsame Werte, erlernen Verhaltensmuster und werden sich ihrer Rolle als Teil eines Netzes aus Verwandten bewusst. Wenn Sie nicht gerade von Adel sind oder der Stammbaum Ihrer Familie Ihr Hobby ist, würde ich wetten, dass Sie nicht die Namen all Ihrer acht Urgroßeltern parat haben und dass die Cousins und Cousinen zweiten Grades nicht mehr zu ihrem normalen Wirkungskreis gehören. Bei den Cousins zweiten Grades handelt es sich übrigens um die Enkel der Geschwister Ihrer Großeltern.

Das Verschwinden der Großfamilie hat für uns zur Folge, dass wir nicht mehr in einem Verwandtschaftsnetz aufgehoben sind, das mit unterschiedlich starken Bindungen zueinander sowie beiderseitigen Rechten und notwendigen Verpflichtungen einhergeht. Spannungen, Generationenkonflikte, Geschwisterrivalitäten, Eifersüchteleien, das Anzweifeln von Autorität und emotionale Ausbrüche, die zwischenmenschliche Beziehungen zwangsläufig mit sich bringen, werden in den Schichten einer weit verzweigten Familie stärker verteilt – und damit entschärft. Heute aber müssen die gleichen Emotionen in den viel engeren Grenzen der Kernfamilie Platz finden. So ist es kein Wunder, dass diese immer größeren Spannungen ausgesetzt ist.

Die Rolle der Großeltern in der Familie Großeltern hatten in der Vergangenheit eine wichtige Aufgabe: Sie waren Träger von Erfahrung, Weisheit, Fertigkeiten, Sitten und Bräuchen. Wo das gesammelte Wissen einer Gesellschaft oder Gemeinschaft von Älteren an Jüngere weitergereicht wird, da entsteht auch tiefer Respekt vor den Älteren.

Aufgrund der rasanten Entwicklungen der Informationselektronik haben heute die meisten von uns Großeltern alle Hände voll zu tun, um von ihren Enkeln nicht als kulturelle Dinosaurier von einem anderen Stern angesehen zu werden. Was wir ihnen vermitteln können, ist nicht einmal ein Bruchteil des gemeinsamen Wissens unserer Gesellschaft. Allerdings können Omas, Opas und andere Verwandte, die dazu bereit sind, zumindest die Art von Kontinuität verkörpern, die einem Kind die Gewissheit gibt, einen Platz in der Welt zu haben. Natürlich sollten wir dabei nicht vergessen, dass wir nicht zur Kernfamilie unserer Enkel gehören – sie umfasst nur Eltern und Kinder. Im Unterschied zu den Mitgliedern einer Großfamilie müssen wir in diese erst eingeladen werden und uns unseren Platz darin verdienen.

Warum Familie so wichtig ist

Der Mensch ist ein Gemeinschaftstier. Das bedeutet, wir streben instinktiv nach einem Leben in Gruppen, um unsere Existenz zu sichern. Ursprünglich handelte es sich dabei um die eigene Familie.

Großeltern stehen für die Art von **Kontinuität**, die einem Kind das sichere Gefühl gibt, einen *Platz in der Welt* zu haben

Heute könnte man behaupten, dass die Sozialsysteme eines Staates das notwendige Minimum ebenfalls gewährleisten. Aber unsere Instinkte binden uns eben nicht an Vorschriften, sondern an Menschen.

Gemeinsame Gene   Eine recht weit verbreitete wissenschaftliche Theorie besagt, dass unsere Bereitschaft zu selbstlosem Handeln gegenüber unseren Kindern und anderen Verwandten nichts mit Liebe zu tun hat, sondern vielmehr mit der Tatsache, dass wir gemeinsame Gene besitzen, nach deren Fortbestand wir streben. Jedes Kind trägt jeweils 50 Prozent der Gene seiner Eltern in sich, wir teilen somit 50 Prozent unserer Gene mit den eigenen Eltern und Geschwistern; bei den Nichten und Neffen sind es 25 Prozent usw. Unsere Gene sind schlau genug, uns diese Verbindung als Liebe empfinden zu lassen. Babys sind darauf programmiert, auf Liebe zu reagieren, ebenso wie wir es sind, Liebe zu geben. Das Ganze fühlt sich trotz dieser Erkenntnisse keinen Deut schlechter an.

Von »Blutsbanden« ist gemeinhein die Rede – dabei vererben wir kein Blut, sondern Gene. Seit Jahrmillionen bewirken unsere Gene, dass wir in sozialen Verbänden leben, die auf der Familie aufbauen. Die Kernfamilie ist hier nur ein Teil des Ganzen. Es überrascht wohl kaum, dass diese kleine Einheit heute ganz schön damit zu kämpfen hat, sich als eigenständiges Substitut der Großfamilie zu behaupten.

Die Natur weist uns einen Platz im Leben unserer Enkel zu Heutzutage übernehmen die Eltern meist alleine die Erziehung. Deshalb müssen wir als Großeltern offen für Kompromisse sein, wenn wir auch ein wenig mitreden möchten. In geschichtlichen Aufzeichnungen finden sich zahlreiche Hinweise auf die besondere Beziehung zwischen Großeltern und Enkeln. Sie werden also – ebenso wie die Kinder – ungeheuer davon profitieren, indem Sie Ihren Teil zur Großfamilie beitragen, sie erhalten und verantwortungsvoll pflegen. Dabei beschränkt sich die Bedeutung der Enkel nicht allein auf das Baby- und Kleinkindalter – gute Großeltern können genauso gut auch einem einsamen oder verstörten Teenager als Rettungsleine dienen.

Gute Großeltern sein, das genügt schon

Umfeld und Familie haben ihren eigenen Blick. Doch wie sehen wir uns selbst? Sind wir gute, schlechte oder gleichgültige Großeltern?

Reißen Sie sich kein Bein aus, um die beste Omi der Welt zu sein – das ist ebenso schwer zu erreichen wie zu beurteilen. Geben Sie zu erkennen, dass Sie nichts aus der Bahn werfen kann, dass Sie alles im Griff haben, und dass Sie der Fels in der Brandung sind. Übernehmen Sie die Rolle des stillen Auges im Orkan, und nehmen Sie das Vertrauen bei einem »Oma wird's schon wissen« dankbar an.

Doch Vorsicht: Sie sind weder Hüter der Wahrheit noch oberste moralische Instanz der Familie.

Meiner Ansicht nach können Großeltern nicht viel falsch machen, wenn Sie sich bemühen, der beste Freund oder die beste Freundin ihrer Enkel und Kinder zu sein. Ein ruhiger, vernünftiger und liebevoller Freund.

*Die Vorstellung, alles besser zu wissen, ist **ein gefährlicher Gedanke,** den Sie sich gar nicht erst gestatten sollten*

Ein liebevoller Freund Ihre Rolle als Großmutter oder Großvater wird bei jedem Ihrer Kinder ein wenig anders aussehen. Sie sollten also gute Chamäleonfähigkeiten besitzen, um in das jeweilige Familienszenario zu passen. Ich selbst habe harte Lektionen durchlebt, als ich Stiefmutter von zwei kleinen Jungs wurde. Die Situation war nicht einfach und ich fühlte mich oft sehr verletzt, bis ich meine Ansprüche schließlich herunterschraubte. Ich beschloss, einfach ihre Freundin zu sein. Dieses Szenario passt wohl auch bei Stiefenkeln, mit denen man nicht blutsverwandt ist: Da gibt es ein Band der Zuneigung, das zwar genauso stark sein kann. Doch stehen einem weniger Rechte zu, und vieles verlangt mehr Fingerspitzengefühl. Ihre Stiefenkelkinder wissen davon nichts. Für sie sind Sie ihre Oma und genau das können Sie auch sein – ihre liebevollste Freundin, vielleicht sogar liebvoller als ihre »echte(n)« Oma(s).

Heutzutage kann es passieren, dass man nur eine Oma, ein Opa unter vielen ist. In jedem Fall hat man seinen Platz in der Hierarchie zu akzeptieren. Letztendlich stellen die Kinder immer ihr eigenes Ranking auf: Sie können also bei den Erwachsenen an dritter oder vierter Stelle stehen und für die Kids trotzdem Oma Nr. 1 sein. Mit viel Glück lädt man Sie vielleicht sogar ein, außerplanmäßige Großmutter zu sein. So wünschte sich der Kleine einer Freundin meiner Schwiegertochter, dass ich doch auch seine Oma sein solle.

MIRIAMS KUMMERKASTEN

F **Zu jung für eine Großmutter?**
Meine Tochter hat mir von ihrer Schwangerschaft erzählt: Mein erstes Enkelkind und ich sollte wohl vor Freude außer mir sein. Stattdessen habe ich ordentlich geheult, weil ich mich mit 42 fürs Großmutter-Dasein viel zu jung fühle. Ich habe so getan, als würde ich mich freuen. Nun habe ich Schuldgefühle, weil meine Tochter so euphorisch ist. Höre ich irgendwann damit auf, mich insgeheim so schlecht zu fühlen?

A **Ihre Zweifel werden sich in Luft auflösen**
Sie sind ein wenig durch den Wind, weil Sie quasi noch unter Schock stehen. Doch Sie werden sich ganz schnell daran gewöhnen, eine strahlende Oma zu sein! Es gehört nicht zum Anforderungsprofil für diesen Job, langweilige Klamotten zu tragen und Socken zu stricken. Bald sind Sie dankbar dafür, noch so viel Energie und Zeit zu haben, um Ihr Enkelkind richtig zu genießen. Ihre Bedenken werden sich spätestens dann zerstreuen, wenn Sie den Winzling auf dem Arm halten.

Mit der Welt Ihres Enkels vertraut bleiben

Viele Dinge haben sich seit Ihrer eigenen Kindheit massiv verändert. Wenn Sie Ihre Rolle als bester Freund, beste Freundin Ihres Enkels ernst nehmen, müssen Sie sich wie jeder beste Freund auf dem Laufenden halten: in puncto Bücher, Klamotten, Spiele, Kindergarten und später Schule, Musik, Spielsachen, Vorlieben, Hobbys, Freunde, soziale Aktivitäten (schon die Jüngsten haben heute ein Schwindel erregendes soziales Leben), Fähigkeiten und Interessen. Als bester Freund beschränken Sie sich ausschließlich auf Unterstützung und Beifall, schreien Hurra und klatschen vor Begeisterung in die Hände. Schon ein einziger Besuch bietet zahlreiche Möglichkeiten für Komplimente und Lob. Ich weiß nicht mehr, von

Großeltern können nicht viel falsch machen, wenn sie sich vornehmen, **die besten Freunde** *ihrer Enkel und Kinder zu sein*

wem ich den Trick habe, aber er ist eine tolle Methode, sein Enkelkind zu ermutigen – und das vom frühesten Alter an. Wenn Kinder sprechen lernen, sind ihre ersten Worte meist Namen (z.B. Katze) und Tätigkeitswörter (z.B. klatschen). Sie können Ihr Enkelkind für fast alles loben, wenn Sie sich darauf konzentrieren, was es tut. »Toll geklatscht!«, »Toll gekrabbelt!«, »Toll gehüpft!« Alles toll! Ihr Enkelkind erfährt dadurch, dass Sie stolz auf das sind, was es kann.

In Zukunft wird Ihr Enkel Ihnen alles vorführen wollen, weil er weiß, dass Sie ihn dafür loben.

Genau genommen ist es eine noch größere Bereicherung für Sie beide, wenn Sie über die Welt Ihrer Enkel nicht nur auf dem Laufenden sind, sondern auch direkt mit eintreten. Sie sind in jedem Fall qualifiziert dafür. Und was das Wichtigste ist: Sie haben die Zeit dafür. Denn nur ganz wenige Eltern verfügen über so viel Zeit wie Sie. Es lohnt dabei immer den Versuch, das Leben mit den Augen Ihrer Enkel zu betrachten. Und überhaupt ist deren Welt ein wunderbarer Aufenthaltsort. Sie werden dadurch zu etwas ganz Besonderem – und werden das auch so empfinden. Dabei wird Ihnen stärker denn je bewusst werden, dass Sie etwas wirklich ganz Spezielles miteinander teilen. Das passiert relativ häufig zwischen Enkeln und Großeltern, aber vergleichsweise selten zwischen Kindern und Eltern.

Es ist für Sie beide eine größere Bereicherung, wenn Sie über die Welt Ihres Enkels nicht nur auf dem Laufenden sind – treten Sie selbst in diese Welt ein

Am besten einfach

Nur für den Fall, dass Sie fälschlicherweise glauben, gute
Großeltern müssten Ihre Enkelkinder mit teuren Geschenken
überschütten: Viel wichtiger und bedeutungsvoller ist für die
Kinder, dass Sie Ihnen ein einfaches Geschenk machen und
dann mit ihnen zusammen damit spielen. Dass Sie sich mit auf
den Boden setzen und den Bauernhof oder den Lego-Turm mit
aufbauen. Dass Sie die Fantasie Ihrer Enkelin beflügeln und
Ihrem Enkel die Möglichkeit geben, seine Fähigkeiten unter
Beweis zu stellen. Wenn Ihre Enkelin aus einem Pappbecher ein
Raumschiff basteln will, dann packen Sie Alufolie, Buntpapier
und Kleber aus und seien Sie der Hilfsastronaut. Die Kleine
wird mit dieser selbst gestalteten Rakete viel länger spielen als
mit teuren Spielsachen: Weil sie die Rakete mit Ihrer Hilfe und
aus der eigenen Fantasie heraus gebastelt hat.

Sie können gemeinsame Spielzeit verschenken, die nichts kostet. Oder wie eine meiner Enkelinnen zu sagen pflegt: »Komm
und stell dich neben mich, Oma.« Rollen Sie ihr die Ärmel
auf, binden Sie ihr eine Schürze um, stellen Sie sie auf einen
Hocker am Küchenwaschbecken und geben Sie ihr einen Hau-
fen unzerbrechlicher Krüge, Flaschen und Küchenutensilien
zum Waschen und Schrubben, zum Füllen und Leeren. Sie können zusammen malen und kritzeln, Unkraut jäten und Samen
säen, in Pfützen springen oder einkaufen. All diese Dinge kosten lediglich Zeit und Ihr fürsorgliches Interesse. Also genau
das, was sich für ein Enkelkind nach Liebe anfühlt.

2 Die besondere Beziehung

Die Beziehung zu Ihren Enkelkindern kann unvergleichlich
und in vielerlei Hinsicht einzig-
artig sein. Wenn Sie das Glück
haben, von Natur aus ein Mensch
zu sein, der Babys gern hat und
Kinder respektiert, dann wartet
eine riesige Schatztruhe voller
Freuden auf Sie.

Wer hätte damit gerechnet, dass man sich bei jedem seiner Enkel neu verliebt? Dass man komplett vernarrt, ja völlig entzückt von diesem kleinen Wesen ist? Dass man sein Lächeln, sein Gurgeln, die ausgestreckten Ärmchen so oft ganz schrecklich vermisst? Der permanente Wunsch, seine Augen auf dem geliebten Gesichtchen ruhen zu lassen. Das alberne Abküssen eines Lieblingsfotos: am Abend, am Morgen und einfach so zwischendrin. Die Nervosität, je näher ein Treffen rückt. Das klopfende Herz, der trockene Mund, wenn die Tür aufgeht und das geliebte Wesen endlich wieder in Reichweite ist.

Was Babys brauchen

Direkt nach der Geburt sind Babys darauf geeicht, sich einen für sie unersetzlichen Stoff zu sichern. Nein, damit meine ich nicht Milch, obwohl sie die natürlich brauchen. Auch nicht Liebe, obwohl auch die unersetzlich für ihre gesunde Entwicklung ist. Auch Berührung ist nicht gemeint, selbst wenn Menschenbabys Unmengen davon brauchen, um gut zu gedeihen.

Wofür Babys ein untrügliches Radar haben, das ist fürsorgliches Interesse. Eltern zeigen es in höchstem Maße: beim Knuddeln, Kuscheln, in der Zwiesprache, beim Blickkontakt und durch die Freude an jeglicher Reaktion ihres Babys. Nur Eltern bringen das auf – und zwar ausschließlich für ihr eigenes Baby.

Auch Großeltern besitzen in gewissem Maße diese besondere Gabe des fürsorglichen Interesses. Wenn sie den aufkommenden Emotionen freien Lauf lassen, beginnt das Enkelkind zu strahlen, und sie positionieren sich sehr schnell in der Beliebtheitsskala direkt hinter den Eltern. Dieses Verhältnis entwickelt sich von frühester Kindheit an und wächst im Laufe der Jahre immer weiter. Genau darin be-

Babys besitzen ein untrügliches Radar
für *fürsorgliches Interesse*

steht die Besonderheit der Beziehung zwischen Enkelkind und Groß-eltern: Das Kind weiß, dass es sich auf Oma und Opa genauso ver-lassen kann wie auf Mama und Papa. Manchmal verlässt man sich auf die Großeltern sogar noch mehr, weil sie das Gefühl vermitteln, alles nachfühlen und verstehen zu können. Auch wenn es um die Zeit geht, die man miteinander verbringt, liegen Oma und Opa gut im Rennen, weil junge Eltern häufig anderweitig eingespannt sind.

Mit ein wenig Glück können Sie sich mit Ihrem Enkel in einem Kreislauf wiederfinden, aus dem keiner ausbrechen möchte. Ein Kreis aus bedingungsloser Liebe, unendlicher Versöhnlichkeit, grenzen-losem Interesse und offener Kommunikation. Da gibt es keine Tabus.

Ich glaube, die Basis dafür ist Ihre Wertschätzung für jede Minute, die Sie mit Ihrem Enkelkind verbringen. **Hier können Sie Ihr Inter-esse, Ihre Fürsorge, Ihre Fähigkeiten als Lehrer und Freund voll entfalten.** Dazu haben Sie den eifrigsten Schüler der Welt vor sich, der sich danach sehnt, für Sie zu glänzen. Das Lob spiegelt sich wi-der: in wachsender Selbstbeherrschung und steigendem Selbstver-trauen. Das können Sie Ihrem Enkelkind von Geburt an geben.

Die besondere Beziehung

Die Wertschätzung, die Sie für Ihr Enkelkind empfinden, steht für die Einzigartigkeit des Verhältnisses zu ihm. Auch wenn Ihr Enkelkind diese Besonderheit nicht in Worte fassen kann, wird es sie ganz sicher spüren – solange Sie dieses schöne Gefühl nicht durch typisches Elternverhalten, strenge Vorschriften und Regeln zerstören. Wenn Sie sich klarmachen, dass Sie sich auf einer Ebene als gleichgestellte Menschen begegnen, finden Sie auch den richtigen Umgang. Sie werden das Wort »ich« dann automatisch vermeiden und stattdessen das alles umfassende und freundlichere »wir« verwenden. Bei einer meiner Enkelinnen benutzte ich grundsätzlich dieses magische »wir«, um sie zu ermuntern: »Sollen wir zusammen ein Buch lesen?«

Vom Thron gestoßen

Nirgends kommt die besondere Beziehung zu Ihrem Enkel besser zum Tragen als bei den Schmerzen der Entthronung. Bei der Ankunft eines neuen Babys in der Familie wird sich Ihr Enkelkind üblicherweise in der Wertschätzung seiner Eltern zurückgesetzt fühlen. Es ist verunsichert und hilfsbedürftig, und vielleicht flüchtet es sich in Aktionen, die ihm die elterliche Aufmerksamkeit garantieren sollen. Am häufigsten ist hier der Rückfall in babyhaftes Verhalten: Das Kind will von den Eltern gefüttert werden, wieder Windeln tragen, vielleicht sogar gestillt werden. Dank Ihrer besonderen Beziehung können Sie Ihrer Enkelin oder Ihrem Enkel die ersehnte Beachtung schenken: die Extraportion Liebe, die sie oder er in dieser schwierigen Phase braucht. Sie können Selbstvertrauen und Selbstachtung stärken, indem Sie einfach eine gute Oma, ein guter Opa sind. Sie schenken Ihrem Enkelkind damit wertvolle Aufmerksamkeit und machen Ihre Zuneigung offensichtlich.

Sie können sich meine Freude vorstellen, als sie begann, ihren Fragen (im Alter von zwei Jahren!) nicht mehr das gefürchtete »Ich will ...« oder das herrische »Gib mir ...« vorauszusetzen, sondern unwiderstehlich formulierte: »Oma, sollen wir zusammen malen?«

Das magische »wir« ist auch von unschätzbarem Wert, wenn es darum geht, Grenzen zu setzen: »Wir schmeißen eigentlich kein Papier auf die Straße.« Oder noch deutlicher in der Form, die ich bei all meinen Enkeln mit Erfolg angewandt habe: »Oh, tut mir leid, das machen wir mit Oma nicht« oder »So reden wir nicht mit der Oma«. So formuliert lassen sich Grenzen leichter akzeptieren.

Dass man seine Enkel schätzt, bedeutet auch, ein verlässlicher und guter Zuhörer zu sein. Sie können Ihrer Enkelin Aufmerksamkeit entgegenbringen, die Sie als Eltern aus Zeit- oder Kraftmangel wahrscheinlich nie aufgebracht haben. Es wird Ihnen sicher gefallen, Ihre Aufmerksamkeit und Konzentration mit theatralischen Gesten zu unterstreichen (etwa, indem Sie sich dem Kind mit dem ganzen Körper zuwenden) und betont sagen: »Ooh, bitte darf ich das sehen/da mitmachen/dir helfen?« Können Sie sich vorstellen, wie sich Ihre Enkelin dann fühlt? Wie der Star im Rampenlicht. Im Sonnenschein Ihrer liebevollen, fürsorglichen Aufmerksamkeit wird sie schwelgen. Sie wird die Wärme spüren und darin aufblühen.

Ist das die stärkste Bindung? Ob die Beziehung zu Ihrem Enkelkind die stärkste ist, die Sie je erleben werden – vielleicht enger als zu Ihren eigenen Kindern? Möglicherweise. Zunächst einmal ist Ihr Blickpunkt ein anderer. Beim eigenen Nachwuchs ist es praktisch unmöglich, Ihre Sorge um das Kind zu vergessen. Anders beim Enkelkind: Hier haben Sie ausschließlich das Kind im Blick, Sie können viele Gedanken und Sorgen außen vor lassen. In diesem Unterschied liegt die Chance zu einer gleichberechtigten Beziehung. Hier können Sie sich von hemmenden Emotionen und festen Vorstellungen – wie etwa Ihren Willen durchzusetzen, auf Disziplin zu bestehen, Dinge auf bestimmte Weise zu erledigen – befreien, die Sie bei den eigenen Kindern noch für unerlässlich hielten. Ihr Enkel bringt Sie dagegen so weit, dass Ihr Ego keine Rolle mehr spielt, und Sie werden bald bereit sein, viele Dinge über Bord zu werfen, wovon Sie sich als Eltern nur schwerlich getrennt hätten. Dadurch können Sie Ihren Enkeln Zeit und Liebe schenken, die Sie Ihren Kindern so nicht geben konnten. Kein Grund, sich Vorwürfe zu machen! Verwerfen Sie ganz schnell wieder den Wunsch, Sie könnten die Zeit zurückdrehen und alles noch einmal besser machen. Denn einer der Gründe, warum Sie so gut dafür gerüstet sind, Ihren Enkeln Zeit und liebevolle Aufmerksamkeit zu schenken, ist, dass bereits eine lange Lebenszeit voller Liebe hinter Ihnen liegt. Sie haben schon so viel in das Wachstum Ihrer Liebe gesteckt, dass sie nun reif und erwachsen ist. Erkennen Sie, dass bereits ein beachtlicher Weg hinter Ihnen liegt – und Ihre eigenen Kinder zu lieben war einer der ersten Schritte davon.

Als Großeltern haben Sie schon ein Leben lang geliebt

Diesmal sind Sie schon emotional gereift Weil Ihre Gefühle diesmal so anders sind, schaffen Sie es auch besser, die Verhaltensmuster der ganzen Familie einmal von außen zu betrachten. Das ist dann besonders wertvoll, wenn Ihre Hilfe in schwierigen Situationen gebraucht wird. Etwa bei einem Streit zwischen Enkeln, die Geschwister sind, und einem Enkel, der als Einzelkind aufwächst. Sie haben den großen Vorteil, unvoreingenommen und neutral zu sein. Also können Sie als Tröster für das traurigste Kind auftreten, ohne auf die Frage nach dem Schuldigen näher einzugehen, ohne schlechtes Benehmen zu rechtfertigen, ohne zu bestrafen. Ihre Rolle ist also die eines Friedensengels, der sich dem unglücklichen Kind annimmt, ohne dabei über richtig und falsch zu urteilen. Sie stehen außerhalb der familiären Zwänge und können ein Kind mit Streicheleinheiten und aufmunternden Worten trösten. Allein deshalb, weil es genau das jetzt braucht.

Solange das Kind selbst für Sie der Mittelpunkt ist, umschiffen Sie die Gefahr, sich in leidige Diskussionen über Fehler und Schuld einzulassen. Davor sollten Sie sich ohnehin hüten, denn sensible Eltern (Ihre Kinder, Stief- oder Schwiegerkinder) könnten Kommentare als persönliche Kritik auffassen. In einem nächsten Schritt wären die familiären Beziehungen belastet oder – noch schlimmer – Sie und Ihre Kinder würden sich entfremden.

Solange Sie sich also auf Ihr Enkelkind konzentrieren, umgehen Sie Vorwürfe, Sie würden sich als moralische Instanz in die Erziehung einmischen. Und sollten Sie einmal elterliche Defizite vermuten, so könnten diese ja auch Ihrer subjektiven Sicht entspringen.

Omas scheinen etwas Besonderes zu sein

Wissenschaftler haben eine menschliche Spezies ausgemacht, die sie »gute Großmütter« nennen, weil sie natürliche Liebe und Zuneigung für Babys und Kleinkinder verspüren. Solche Omas identifizieren sich mit den Eltern und freuen sich, als mütterliche Hilfskraft einspringen

Und wenn Sie keine großelterliche Liebe verspüren?

Meine Betonung auf diese ganz besondere, liebevolle Beziehung zwischen Großeltern und Enkeln mag Ihnen vielleicht etwas übertrieben vorkommen. Es gibt tatsächlich Menschen, die nicht die gleiche **Freude am Großeltern-Dasein** haben wie ich. Ihre Gefühle sind einfach etwas gedämpfter.

Sollten Sie zu den Leuten gehören, die sich nicht so sehr für Babys und Kleinkinder begeistern können, geht es Ihnen vielleicht mit den eigenen Enkeln ebenso. Möglicherweise haben Sie schon so viel Liebe auf Ihre eigenen Kinder verwandt, dass Ihr Vorrat nun schlichtweg erschöpft ist. Oma oder Opa zu sein kommt Ihnen vielleicht ein wenig fremd vor; daran ist auch nichts auszusetzen. Andererseits gibt es eine Menge wissenschaftlicher Belege dafür, dass eine **intensive Beziehung** zu einem Großelternteil für das Kind in vielerlei Hinsicht von großem Nutzen ist.

zu können. Ihren Enkeln bringen sie unendliche Zärtlichkeit entgegen. Oft wird allerdings die wirkungsvolle und unterstützende Rolle verkannt, die Großeltern in der Entwicklung ihrer Enkel übernehmen können. Großeltern sind in ihrer Rolle dazu befähigt, ein angespanntes Verhältnis zwischen Eltern und Kind zu glätten, indem sie dem Kind den Freiraum bieten, sich gesund zu entwickeln. Als interessierte, fürsorgliche, bedachtsame und reife Persönlichkeit, die zudem ins Familiengeschehen einbezogen ist, hat man eine ganze Menge an Möglichkeiten, die Entwicklung der Enkel zu fördern. Die

Einmischung eines Großelternteils ist in der Regel reif, objektiv, sachlich – und damit auch diplomatisch. Beständigkeit, Wärme und Ausgeglichenheit bereichern die Familienatmosphäre. Dieses besondere Gespür für Harmonie, das Großeltern ausstrahlen, und das kluge Umgehen von Konflikten, hat nachweislich einen positiven Effekt darauf, wie Verhaltensstörungen bei Kindern bewältigt werden können. Andersherum kann die Feindseligkeit eines Großelternteils bei einem Kind oder Jugendlichen entsprechend unsoziales Verhalten wecken. Was Großeltern ihren Enkeln an Erfahrungen vermitteln können, ist immens, insbesondere wenn man bedenkt, dass Großeltern mit dem Alter immer sympathischer und weiser werden und in ihrer Aufgabe als Großeltern die finale Bestätigung ihres Lebens sehen. (Auch wenn ich offen zugebe, dass Letzteres nicht immer der Fall ist.)

Ein Vorbild für die eigenen Kinder

Vielleicht einer der wichtigsten Gründe dafür, gute Oma und guter Opa zu sein: als Vorbild für unsere Kinder zu dienen, an dem sie sich orientieren können, wenn sie selbst einmal unsere jetzige Rolle zu übernehmen haben. Wir sollten erkennen, dass unser Verhalten als Großeltern widerspiegelt, wie wir früher Probleme mit unseren eigenen Kindern gelöst haben. Umgekehrt beeinflussen wir damit das spätere Verhältnis ihrer Kinder zu ihnen als Großeltern.

Wie wir mit unseren Kindern umgehen, nachdem wir Großeltern geworden sind, beeinflusst sie darin, wie sie uns mit steigendem Alter akzeptieren. Das eröffnet uns die Möglichkeit, in eine Lebensphase einzutreten, in der wir besondere Bedeutung erlangen. Wir bieten unseren Kindern dabei auch die Gelegenheit, zu lernen, wie sie ein gutes Verhältnis zu ihren Kindern genießen können. Das alles ist Teil der Leistungen, die Großeltern der Gesellschaft – insbesondere natürlich den Familien – zurückgeben sollten. Sie bringen Erfahrung und Wissen auf praktische und kreative Weise ein. Großeltern haben auch die Aufgabe, die uns Elefanten und Wale in ihren Matriarchaten so anschaulich vorleben: kulturelles und familiäres Wissen über Generationen weiterzugeben. Bei Enkelkindern löst das eine unglaubliche Faszination aus.

Haben wir das Bedürfnis, Großeltern zu sein? Oma oder Opa zu werden ist eine Chance, sich weiterzuentwickeln, die viele Menschen nicht versäumen wollen. Es wirkt auf eine natürliche Art befriedigend, Einfluss zu nehmen und wichtig zu sein. Oft übernehmen Großeltern bereitwillig die Rolle der Eltern. Dennoch bietet auch die Großelternrolle eigene Verantwortung und eine ganz eigene Genugtuung. Feinfühligkeit und Taktgefühl von Großeltern sind ein wertvolles Vorbild. Wenn sich Großeltern gekonnt einbringen, werden sie zum rettenden Puffer innerhalb der Familie. Außerdem bieten sie dem Kind die Möglichkeit, den Umgang mit ungewöhnlichen Situationen zu erlernen und zeigen ihm, wie man freie Zeit sinnvoll nutzt.

Enkelkinder drängen Sie vielleicht in die Elternrolle Es gibt viele Situationen, in denen Großeltern als Eltern fungieren. Oft ist der Grund die verzweifelte Suche der Kinder nach Sicherheit. Manchmal, etwa beim Tod der Eltern, können Großeltern den Kindern Sicherheit bieten – selbst wenn diese schon jugendlich oder fast erwachsen sind. Allein die Präsenz von Großeltern kann schlimme psychische Reaktionen auf das Trauma der Trennung abwenden, auch wenn sie oft nicht als Ersatz für die abwesenden Eltern betrachtet wird. Das Einzigartige, was Großeltern einem Kind bieten können, das ein Elternteil oder beide verloren hat, ist eine stabile Beziehung und kostbare Erinnerungen. Solch ein Verhältnis kann ein Kind mit niemandem sonst eingehen. In manchen Kulturen – beispielsweise bei den amerikanischen Indianern – haben Kinder dauernden Kontakt zu Großeltern: Wenn die biologischen Großeltern nicht verfügbar sind, wird ein anderes älteres Mitglied der Gemeinschaft für diese Aufgabe ausersehen. Kinder scheinen also ein tiefes Bedürfnis nach Großeltern zu haben.

Eltern oder Großeltern – das sind verschiedene Aufgaben

Wenn Sie die beiden Rollen durcheinanderbringen, steht eine Menge Kummer ins Haus. Großeltern sind nun mal nicht die Eltern ihres Enkels. Sollten sie sich doch so verhalten, ist Ärger vorprogrammiert.

Mehr dazu finden Sie in den Kapiteln 3 und 4. Grundsätzlich bin ich der festen Überzeugung, dass Eltern wissen, was das Beste für ihre Kinder ist, und man ihnen die Freiheit zugestehen muss, ihre Kinder nach ihrem Gutdünken großzuziehen. Ja, man sollte sie sogar ihre eigene Fehler machen lassen und damit Erfahrungen sammeln – selbst wenn es Ihnen schwerfällt, dabei tatenlos zuzusehen.

*Großeltern sind **nicht** die Eltern ihres Enkels. Und tun sie so, ist Ärger vorprogrammiert*

Denken Sie daran, dass Sie Ihre Chance bereits hatten, als Sie Ihre Familie gegründet haben. Ich bin sicher, auch Sie haben aus Erfahrung gelernt und sich später manchmal gewünscht, manche Dinge anders gemacht zu haben. Ihren Kinder steht nun das gleiche Recht zu. Es ist nicht Ihre Aufgabe, die Enkelkinder großzuziehen. Es sei denn, man hat Ihnen diese Rolle ausdrücklich anvertraut oder sie wurde Ihnen ungefragt aufgebürdet. Sie dürfen die Kinder mit allen Mitteln fördern und auch ihre Fehler ignorieren. Auf keinen Fall aber dürfen sie so weit gehen, ungefragt Regeln zu erlassen.

Positives Feedback Es mag Bereiche geben, die Ihrer Ansicht nach verbesserungswürdig sind, aber es ist schlicht und ergreifend klüger, abzuwarten, bis man Sie dazu befragt. Andernfalls wird man Ihnen vorwerfen, sich einzumischen, und mehr und mehr das Vertrauen in Sie verlieren. Oft ist es nur ein kleiner unbedarfter Schritt, der Sie dorthin bringt – doch um das Vertrauen zurückzugewinnen, müssen Sie schon einen Marathon durchhalten können. Kritik lässt sich, so habe ich erkannt, sehr gut in positives Feedback verpacken und damit ganz wertfrei überreichen.

Selbst wenn Sie kaum an sich halten können – suchen Sie einfach nach Bereichen, in denen Ihr Sohn ein großartiger Vater, Ihre Schwiegertochter eine fantastische Mutter ist. Und vor allem: Sagen Sie Ihnen das auch. Es gibt sicher Millionen von Gelegenheiten, bei denen das angebacht ist. Ich gebe ganz offen zu, dass ein »Danke, Miri ...« aus dem Mund meiner Schwiegertochter, nachdem ich ihr ein Kompliment über mütterliches Können gemacht habe, wie Musik in meinen Ohren klingt, die ich immer wieder gerne höre.

Vergessen Sie nicht, dass Ihre Kinder anfangs unsicher sind. Und dass Fehler und Schwächen ihnen selbst bewusst sind. Es ist unnötig,

In Verbindung bleiben

Ihre besondere Beziehung lebt vom Kontakt, doch gerade der
ist nicht immer leicht zu halten. Vielleicht leben Sie sehr weit
voneinander entfernt und sehen Ihre Kinder und Enkel nur ein-
oder zweimal im Jahr zu besonderen Anlässen. Vergessen Sie
deshalb nie, dass es für Ihre Enkel mindestens genauso wichtig
ist, von Ihnen zu hören, wie umgekehrt – wenn nicht sogar
wichtiger. Nutzen Sie einfach verschiedene Möglichkeiten.

- Telefonieren: Wenn Ihr Enkelkind ein eigenes Handy besitzt,
  rufen Sie es unter dieser Nummer an. Das ist dann eine
  Sache nur zwischen Ihnen beiden.
- Lernen Sie, SMS zu schicken, und senden Sie von Zeit zu
  Zeit Neuigkeiten und Fragen.
- Schicken Sie Briefe, Postkarten, Geburtstagsgrüße, Fotos.
- Wenn Sie es nicht schon beherrschen, lernen Sie nur für
  Ihren Enkel das E-Mailen.
- Kaufen Sie sich eine Digitalkamera und e-mailen Sie Ihre
  Lieblingsfotos mit Kommentaren.
- Kaufen Sie Ihrer Enkelin, Ihrem Enkel auch eine Kamera,
  damit sie oder er das Gleiche tun kann.
- Bitten Sie Ihr Enkelkind, Ihnen eine Auswahl seiner liebsten
  Musikstücke herunterzuladen.
- Investieren Sie in eine Webcam, so dass Sie sich »von Ange-
  sicht zu Angesicht« unterhalten können.
- Sie haben mehr von Ihren Enkeln, wenn Sie sie besuchen.
  Machen Sie sich also auf die Reise und warten Sie nicht, bis
  die Kinder und Enkel zu Ihnen kommen.

Wo finden Großväter ihren Platz?

Falls Sie dieses Buch als Opa lesen, habe ich Verständnis dafür, wenn Sie sich ein wenig übergangen fühlen. Ich habe zwar Großeltern unabhängig vom Geschlecht im Blick, aber meine Betonung der Großmütter hat zwei Ursachen.

1. Die Vorbilder im Tierreich. Es ist nun mal nicht der patriarchalische Elefantenbulle, der Weibchen und Junge beschützt. Nein, die Elefantenbullen gehen ihre Wege, sobald sie den ersten Anflug von Geschlechtsreife verspüren. Und es sind auch nicht die männlichen Wale, die das Wachsen und Gedeihen ihrer Familie sichern.

2. Meiner Erfahrung nach ist es selten der Opa, der Kontakt zu den Enkeln sucht. Tatsächlich verhält es sich oft umgekehrt, und er muss zu Unternehmungen überredet werden. Sobald er mit den Enkeln zusammen ist, sieht die Sache gleich ganz anders aus. Großväter laufen häufig zur Hochform auf, wenn die Enkelkinder erst einmal sechs oder sieben Jahre alt sind.

Gerade für ältere Kinder kann die Beziehung zum Opa ebenso erfüllend sein wie zur Oma. Mit dem Unterschied, dass die gemeinsame Geschichte fehlt, die Omas in der Regel ab der Geburt der Enkel aufbauen. Dann haben Großväter eben eine Menge Nachholbedarf. Das kann auch den Vätern passieren: Oft fühlen sich Männer in der ersten Lebensphase ihrer Kinder ausgeschlossen, da Mütter sie zu wenig integrieren. Gleiches könnte auch auf die Großmütter zutreffen.

dass Sie hier auch noch den Finger in die Wunde legen. Sie können aber Ihren Kindern bestätigen, dass sie ihre Sache gut machen; und eine helfende Hand anbieten, wenn Entscheidungen anstehen.

Ein italienisches Sprichwort sagt: Wenn alles schiefgeht, ruf Oma an. Sie sind schon nahe an der perfekten Oma, wenn Ihre Kinder sich sagen: »Wenn alles schiefläuft, ruf Mama/Schwiegermama an.«

Geben und Nehmen »Gute« Großeltern werden belohnt – die Enkel kommen gerne, die Eltern schätzen Sie und Ihre Hilfeleistungen. Schnell wird deutlich, dass Ihre Beziehung zu den Enkeln eine unbestreitbar gute Sache ist – und zwar für alle. Während Sie sich bemühen, die Eltern nicht zu bekümmern, sind diese ebenso darum bemüht, Sie bei Laune zu halten. Sie sind zum geschätzten Mitglied des Familienteams avanciert.

Wenn der gegenseitige Respekt wächst, wächst auch der Wert Ihrer Meinung. Ich erlebte das eines Abends beim Babysitten, als ich fragte, was ich meiner Enkelin zum Abendessen machen sollte. »Ach, such einfach etwas aus dem Kühlschrank aus.« »Wann ist Schlafenszeit?« »Wann du glaubst.« »Soll sie baden?« »Entscheide du das.«

Wenn alles schiefgeht,
ruf Oma an!

Liebevoller Rat

Eines Nachmittags besuchte ich meine Enkel und erfuhr, dass meine mittlere Enkelin Beth einen schlechten Tag im Kindergarten hinter sich hatte. Sie war nach einem Trotzanfall zur Leiterin gebracht worden und hatte einen weiteren auf der Straße gehabt. Beim Nachmittagstee hatte sie sich mit ihrer Cousine gezankt und es hatte eine Menge Tränen gegeben. Als ihre Mutter nach Hause kam, waren alle niedergeschlagen und sie bat mich um meine Einschätzung. Hier glaubte ich, helfen zu können. Ich dachte darüber nach und schickte meiner Schwiegertochter am nächsten Tag die folgende E-Mail, die positiv ankam. Das zeigte mir, dass es manchmal gut sein kann, einen Rat zu geben – solange er wohl überlegt ist und mit viel Zuneigung erbracht wird.

(Zur Info: Beths ältere Schwester lernt gerade lesen und übt jeden Abend mit Mama oder Papa. Ihre vier Monate alte kleine Schwester bezaubert jeden.)

Meine Antwort:

Liebes, es war schön, euch beide gestern Abend zu besuchen und einige Stunden mit euren zauberhaften Mädchen zu verbringen. Ich mag und schätze euch alle so sehr. Nachdem ich über unsere hinreißende Beth nachgedacht habe, möchte ich dir Mut machen. Vielleicht hilft das.

Wutanfälle sind in diesem Alter, wenn der Ehrgeiz größer ist als die Fähigkeiten, ganz normal. Außerdem steckt Beth mitten in den Nöten, die keinem mittleren Kind erspart bleiben. Für eine Dreijährige ist es wohl geradezu unerträglich, über sich Talent und unter sich einen Star zu haben. Sie fühlt sich wohl zwangsläufig entthront, und über dieses Gefühl können wir ihr sicherlich hinweghelfen.

Was sie nicht ist:

- Besonders ungezogen – ich würde diese Vermutung ganz ausschließen.
- Generell unglücklich.

Was sie tut:

- Sie sucht nach einer Bestätigung, auch wichtig zu sein.
- Sie reagiert auf die Situation auf die einzige ihr bekannte Weise.
- Sie verlangt durch ihre Trotzanfälle Aufmerksamkeit, weil diese das einzige Instrument einer Dreijährigen sind.

Was ich vorschlagen würde:

- Alles lässt sich durch gezielte Aufmerksamkeit heilen. Papa spielt hier die entscheidende Rolle (du bist ihre Mama, dich hat sie sowieso).
- Papa muss Beth (wie jedem anderen Kind in ihrer Lage) am Wochenende einen halben Tag lang seine ungeteilte Aufmerksamkeit schenken. Die Wutanfälle können dann innerhalb von zwei Wochen verschwinden.
- Und das Schwierigste – lass sie bei ihren Trotzattacken allein, solange sie sich nicht wehtun kann. So lernt sie, dass diese nicht funktionieren.

Bitte vergiss alles, was ich hier schreibe, wenn ich wie eine alte Wichtigtuerin wirke. Ich möchte einfach nur nicht, dass du dir Vorwürfe machst, weil du erstens eine fantastische Mama bist und ich zweitens noch nie jemandem begegnet bin, der so viele Dinge auf einmal unter einen Hut bringt. Du hast meine bedingungslose Unterstützung und ich bin jederzeit für dich da.

3 Goldene Regeln für Großeltern

Viele Großeltern, die sich mit einem Problem an mich wenden, glauben sich im Recht. Mit diesem Kapitel möchte ich die Vorstellung aufweichen, Großeltern könnten als ältere und weisere Generation den Nachkommen ihren Willen aufzwingen. Denn das bringt Ärger ins Haus. Vor allem möchte ich Ihnen dabei helfen, heiß geliebte Großeltern zu sein, die ihre Enkel so oft sehen dürfen, wie sie möchten.

Wir sollten uns immer wieder selbst daran erinnern, dass wir als Großeltern auf die Aufgeschlossenheit unserer Kinder angewiesen sind und keine gottgegebenen Mitbestimmungsrechte besitzen. Ihre Rolle als Oma oder Opa ist umso leichter zu erfüllen, je mehr Sie Ihren Kindern die Freiheit eingestehen, ihren Nachwuchs nach eigenen Vorstellungen großzuziehen. Mit diesem Gedanken sollten Sie sich anfreunden. Dann erkennen Sie auch, dass Einmischung und Kritik kontraproduktiv sind, da das die Autorität der Eltern untergräbt. Ebenso unangebracht ist es, Ihre Enkel zu kritisieren – Ihre Kinder werden das als Infragestellung Ihrer Elternqualitäten auffassen. Seien Sie sich bewusst darüber, dass Ihre Kinder im schlimmsten Fall Ihren Kontakt zu den Enkeln abbrechen könnten.

Zehn Goldene Regeln für gute Großeltern

1 Kommen Sie nur als gern empfangener **Gast**

2 Bleiben Sie auf jeden Fall miteinander **in Kontakt**

3 Respektieren Sie die Grenzen, die Ihre Kinder setzen

4 Loben Sie Ihre Kinder als gute Eltern

5 Legen Sie Fairness und Humor an den Tag

6 Untergraben Sie **nie** die Stellung Ihrer Kinder oder Enkel

7 Erwarten Sie nicht, dass Rat und Hilfe immer angenommen werden

8 Lassen Sie sich nicht zu emotionaler Erpressung hinreißen

9 Vermitteln Sie das Gefühl, es sei **gut** zu wissen, dass es Sie gibt

10 Suchen Sie »Lücken«, die nur Sie füllen können

1 Kommen Sie nur als gern empfangener Gast

Was Sie anstreben, ist aufrichtige Freude, wenn Sie kommen, um Zeit mit Ihren Kindern und Großeltern zu verbringen. Sicher möchten Sie nicht mit einem gemurmelten »Deine Mutter ist schon wieder da« begrüßt werden. Sie kommen nur dann, wenn man Sie einlädt. Natürlich wäre es trotzdem falsch – und unfair – sich wie ein Gast zu benehmen. Das sind Sie nicht. Sie sind ein Familienmitglied, also ist es besser, die Kaffeemaschine anzuwerfen und zu fragen, wer eine Tasse möchte, als darauf zu warten, dass man Ihnen eine anbietet. Sie wissen, wo Tassen, Milch und Zucker sind und man wird es bestimmt zu schätzen wissen, wenn Sie sich nützlich machen.

Oft ist die Freiheit, Ihre Enkel zu sehen, wann immer Sie möchten, mit Ihrer Bereitschaft verbunden, zu ihnen zu reisen. Das mag unbequem sein, aber Sie dürften damit erfolgreicher sein, als mit einer Einladung Ihrer Kinder samt Familie. Für Sie mag das als strapaziöse Sache erscheinen, für die Familie Ihrer Kinder aber mit Sicherheit noch viel mehr. Außerdem haben Ihre Kinder vielleicht das Gefühl, sich zu Besuch bei Ihnen besonders gut benehmen zu müssen, während es zu Hause lockerer zugeht. Das ist für alle Beteiligten entspannter. Und: Wenn Sie keinen Heimvorteil genießen, denken Sie vielleicht eher daran, Ihr Bestes zu geben, was ja nie schaden kann.

Besuch aus gutem Grund Es ist hilfreich, wenn Ihr Besuch einen bestimmten Zweck erfüllt: Sie bringen ein Geschenk, helfen beim Kindergeburtstag eines Enkels oder zeigen Ihrer Tochter oder Schwiegertochter, wie die neue Nähmaschine funktioniert. Ich erinnere mich daran, wie eine meiner Schwiegertöchter versuchte, die Erstausstattung für das Kind, das sie erwartete, zu stricken. Sie kam nicht zurecht und fragte mich: »Miri, kannst du stricken?« Es war ganze

35 Jahre her gewesen, dass ich zuletzt gestrickt hatte, aber sobald ich die Nadeln zur Hand nahm, fiel mir alles wieder ein. Mein Angebot, ein paar Reihen zu stricken, wurde bereitwillig angenommen. »Mein Gott, Mum«, sagte mein Sohn, »ich wusste gar nicht, dass du stricken kannst!« (Ich dachte mir: Junge, es gibt noch eine Menge Dinge, die du nicht weißt, aber alles zu seiner Zeit.)

Sobald Sie da sind, können Sie punkten, indem Sie die Ärmel hochkrempeln und bei allem mithelfen, was so ansteht. Hauptsache Sie stehen nie im Weg herum. Räumen Sie die Spülmaschine aus oder decken Sie den Tisch. Bieten Sie an, Ihren Enkeln einen Imbiss herzurichten oder mit Ihnen ein neues Spiel auszuprobieren. Schlagen Sie vor, zusammen herumzutollen: mit Bällen, Dreirad, Fahrrad oder Trampolin. Hier können die Enkel ihr Können demonstrieren, während Ihre Kinder ein paar Augenblicke der Ruhe genießen. Sie werden außerdem schnell zum Liebling der Familie avancieren, wenn Sie den Kindern vorlesen, sie baden und zu Bett bringen.

Seien Sie eine tatkräftige Hilfe Wenn Sie sich fit genug fühlen, können Sie die Rolle ausbauen und Aufgaben des Alltagsgeschäfts übernehmen. Verfügen Sie über ein Auto? Dann holen Sie die Kinder von der Schule ab oder bringen sie zum Sportverein. Auch ein kurzer Ausflug am Wochenende entlastet die Eltern. Falls Sie ein talentierter Heimwerker oder eine ambitionierte Gärtnerin sind, können Sie kleine Arbeiten übernehmen, die schon lange auf der Liste stehen. Damit entlasten Sie Ihre Kinder und verbringen ganz nebenbei viel Zeit mit den Enkeln.

Kommen Sie nie mit ganz leeren Händen zu Besuch. Ein Aufkleber, ein paar Murmeln oder eine Bastelvorlage sind schon ausreichend. Ein Kuchen für den Nachmittagskaffee ist auch nie verkehrt.

Reden *hält jede Beziehung lebendig.* *Hat man sich erst einmal entfremdet,* *steckt man fest*

2 Bleiben Sie auf jeden Fall miteinander in Kontakt

Als Großeltern brauchen Sie das Urteilsvermögen eines König Salomon und die Geduld von Hiob. Seien Sie sich dessen bewusst, dass Sie selbst Ihre Kinder und Enkel emotional viel mehr brauchen, als umgekehrt. Also seien Sie aktiv und scheuen Sie keine Mühen. Sie sind älter und weiser. Es liegt deshalb in Ihrer Verantwortung, als Friedensstifter zu wirken, selbst wenn etwas vorgefallen ist, das Sie persönlich verletzt hat. Falls Ihr Stolz Sie übermannt, dann überlegen Sie doch einfach, ob Sie im Abseits stehen oder lieber den Olivenzweig anbieten und wieder dazugehören möchten. Ich finde ja, da gibt es nichts zu überlegen. Meine Kinder mussten nicht besonders alt werden, damit mir klar wurde, dass mir der Dialog mit ihnen das Allerwichtigste ist – wie schwierig das Verhältnis zwischen uns auch werden würde. Ich würde auf allen vieren über Glasscherben krabbeln, um die Kommunikation zwischen uns nicht abreißen zu lassen. Denn solange man miteinander spricht, kann sich alles weiterentwickeln. Hat man sich erst einmal entfremdet, steckt man fest.

Ich behaupte nicht, das sei leicht. Im Gegenteil. Vielleicht müssen Sie Zugeständnisse machen und sogar richtige Opfer bringen. Aber seien Sie gewiss: All das wird es wert sein. Denken Sie nur an die Alternative ... – nein, die ist undenkbar. Selbst wenn Sie selbstkritischer sein müssen als je zuvor. Auch wenn Sie Fehler zugeben müssen, wenn Sie Ihr Denken und Handeln ändern müssen. Aber das muss ja nicht unbedingt etwas Schlechtes sein. Großeltern sein, das ist eine Riesenchance, zu wachsen und ein Angebot, das wir nicht ablehnen können. Tun Sie den ersten Schritt: Sie werden staunen, wie gut Sie sich fühlen. Und wie Ihre Kinder Sie dafür lieben.

3 Respektieren Sie die Grenzen, die Ihre Kinder setzen

Sicher können Sie sich an die Zeiten erinnern, als Ihre eigenen Kinder noch klein waren und Sie sich über die Einmischung Ihrer Eltern geärgert haben. Bei mir war das so. Wahrscheinlich haben Sie sich damals gewünscht, Ihre Eltern sollten sich gefälligst um ihre eigenen Angelegenheiten kümmern. »Selbst wenn ich, wie ihr sagt, einen schlimmen Fehler begehe, habe ich trotzdem das Recht, eigene Fehler zu machen.« Solche Gedanken hatten Sie damals vielleicht.

Ich kann mich noch sehr gut erinnern, wie ich meiner Mutter die Stirn bot. Einer meiner Jungs war ungezogen gewesen und sie drängte mich, ihn zu bestrafen: »Wenn du das nicht tust, wird er es nie lernen.« Meine Mutter glaubte an Bestrafung, ich an Lernen durch Belohnung. Jedes Kind hat ein Recht darauf, glücklich und

Großeltern zu werden ist **eine**
Chance zu wachsen. *So ein*
Angebot kann man nicht ablehnen

Neue Wege

Als meine Enkelin drei Monate alt war, erzählte mir mein Sohn, er und seine Frau wollten eine neue Methode ausprobieren, um sie abends zum Schlafen zu bringen. Er meinte, er wüsste, wie schwer mir das fallen würde, aber er bat mich inständig, die beiden zu unterstützen. Das tat ich. Und es bedeutete, dass ich vor dem Zimmer meiner Enklin saß, sie weinen hörte und es mir fast das Herz brach. Aber sie hatten recht. Wir gewöhnten ihr ab, sich in den Schlaf zu trinken – in vier Abenden.

Spulen wir zwei Jahre weiter. Diesmal sagte mein Sohn: »Mum, ich möchte dir keine Vorschriften machen, aber das hier ist eine. Sie muss um sieben Uhr im Bett sein, egal, wie viele Bücher du ihr vorlesen möchtest.« (Die Schlafenszeit hatte sich schrittweise auf 19.30 und schließlich 20 Uhr verschoben.) Sie hatten wieder recht. Die unruhigen Nächte waren vorbei, meine Enkelin schlief zwölf Stunden durch.

ohne traurige Tränen in den Augen einzuschlafen. Das sagte ich ihr damals mit aller Entschiedenheit.

Denken Sie also bitte noch einmal nach, falls Sie glauben, Ihr Urteil sollte schwerer wiegen als das Ihrer Kinder. Könnte ja sein, dass Sie Ihrer Zeit schlichtweg hinterher sind. Ihre Kinder leben in einer anderen Welt, folgen modernen Erziehungsratschlägen. Mein Vorschlag: Bringen Sie sich auf den neuesten Stand, damit Sie sinnvolle Ideen austauschen können.

Sie beschwören Ärger regelrecht herauf, wenn Sie sich über die Wünsche der Eltern hinwegsetzen, weil Sie meinen, es besser zu wis-

Miriams Kummerkasten

F Macht sie nicht alles falsch?

Gerade habe ich meine Tochter und meinen Schwiegersohn verabschiedet, die mit meinem dreijährigen Enkel und meiner einjährigen Enkelin die Weihnachtsfeiertage hier verbracht haben. Ich bin so verärgert.

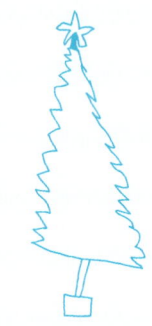

Bei den Mahlzeiten pflegte mein Schwiegersohn den Jungen zu fragen: »Möchtest du das oder lieber meines?« und ihn so vom Essen abzulenken. Er ließ meinen Enkel nach Belieben vom Tisch aufstehen und herumlaufen und natürlich wollte er, als er unser Essen sah, seines nicht mehr. Statt zu sagen »Schlafenszeit«, meinte mein Schwiegersohn nur: »Jetzt ist es Zeit hinaufzugehen.« Das führte zu mehreren Trotzanfällen, bis der Junge endlich im Bett war. Mein Enkel scheint keine Regeln für gutes Benehmen zu kennen. Sie lassen sogar das Baby mit der Trinkflasche im Mund herumlaufen, anstatt sie hinzusetzen.

Mein Mann war mit unseren drei Kindern sehr streng. Meine Tochter beharrt nun darauf, ihre Kinder nach eigenen Vorstellungen zu erziehen. Dabei sind sie doch eindeutig falsch!

A Oma weiß es nicht immer am besten

Sie sollten das alles ein weniger gelassener betrachten. Glauben Sie wirklich, nach Ihren Methoden perfekte Kinder aufgezogen zu haben? Selbst wenn es so wäre, hätten Sie keineswegs das Recht, sich in irgendeiner Form in die Erziehung

Ihrer Enkel einzumischen. Um in gutem Einvernehmen mit Ihrer Tochter und deren Kindern zu stehen, müssen Sie einsehen, dass es nicht in Ihrer Verantwortung liegt, Maßstäbe zu setzen.

Ich weiß nicht, warum Sie sich darüber Gedanken machen, wie Ihr Enkel seine Mahlzeiten einnimmt. Die Erde wird sich weiterdrehen, selbst wenn er nicht gesittet am Tisch sitzt. Das Großziehen von Kindern ist nun mal keine problemlose Angelegenheit, und jede Generation hat ihre eigenen Vorstellungen davon.

Als Groß- und Schwiegermutter wagen Sie momentan einen Drahtseilakt. Und der leichteste Weg, es sich mit der jüngeren Generation zu verderben, ist die Infragestellung ihrer elterlichen Fähigkeiten. Versuchen Sie, Ihre Meinung für sich zu behalten. Natürlich glauben Ihre Kinder, ihren Nachwuchs angemessen zu erziehen und würden auf Ihre Einmischung allergisch reagieren.

Es hat entwicklungsbedingte Gründe, warum Kinder zwischen einem und drei Jahren in ihrem Essen herumstochern: Nach einem Jahr mit rasantem Wachstum, nehmen Kleinkinder langsamer zu. Folglich brauchen sie auch weniger Nahrung. Dass sie ständig auf dem Sprung sind, beeinflusst natürlich auch ihr Essverhalten. Sie können niemals still sitzen, nicht einmal zum Essen. Deshalb greifen Kleinkinder über den Tag verteilt lieber zu mehreren kleinen Snacks.

Sehen Sie sich Ihre Enkel an: Haben sie die Kondition, um gut durch den Tag zu kommen? Wirken sie glücklich? Nur wenn sie ständig zum Arzt müssten, hätten Sie einen echten Grund zur Sorge. Oma weiß es eben nicht immer am besten.

sen, und dabei hoffen, dass niemand es merkt. Aber gauben Sie mir, man wird Ihnen auf die Schliche kommen. Und dann werden Sie einen schweren Stand haben. Weil Sie sich plötzlich in einer Auseinandersetzung mit Ihren Kindern wiederfinden. Noch viel schlimmer jedoch ist, dass Sie damit ihr Vertrauen verlieren. Sie haben die Brücken hinter sich abgebrannt – und wozu? Für einen kurzen Augenblick des Triumphes.

Gute Großeltern sein, das bedeutet, sich selbst hintenan zu stellen. Ihre Ansichten sind nur dann angebracht, wenn sie explizit erbeten werden. Halten Sie also Ihr Ego im Zaum. Sie haben aus Ihrer Lebenserfahrung heraus eine andere Perspektive und mehr Gespür für die Bedürfnisse anderer. Nutzen Sie das auch hier.

Eine guter Rat ist sicher, immer alles von Ihren Kindern absegnen zu lassen. Gehen Sie auch bereitwillig Kompromisse ein, wenn das nötig wird. So erzeugen Sie Vertrauen, anstatt es zu zerstören. Ein anderer Weg kann sein, sich einzufügen. Als Großeltern sind Sie auch nur Mitglieder des Teams – nicht Anführer.

4 Loben Sie Ihre Kinder als gute Eltern

Ich habe das Glück, dass all meine Kinder, Stief- und Schwiegerkinder großartige Eltern sind. Ständig erlebe ich, dass sie Dinge mit ihren Kindern tun, die ich mit meinen nie gemacht habe. Ich sehe, dass sie geduldiger und verständnisvoller sind, als ich es je war. Ich beobachte, dass sie Vorbilder verkörpern, wie ich sie nie sein konnte.

Natürlich könnten Sie bestimmte Dinge anders machen. Aber warum darauf herumreiten, wenn das Positive so hervorsticht? Das ist ein bisschen wie in einer Ehe: Sieben von zehn Eigenschaften Ihres Partners schätzen Sie, drei von zehn treiben Sie dagegen zum

Wahnsinn. Sie konzentrieren sich selbstverständlich auf die sieben, denn alles andere wäre töricht.

Ebenso wie Sie Ihrem Partner immer frei heraus sagen können, dass Sie ihn lieben, sollten Sie auch der Bewunderung für Ihre Kinder freien Lauf lassen. Bestätigung ist das Fundament von Vertrauen; beides wird unter Ihrer sanftmütigen Fürsorge wachsen.

Verweisen Sie auf die Eltern Ein anderes Verhalten, das oft nützlich ist, ist der Verweis auf die Eltern, wenn die Enkel Sie um eine Erlaubnis bitten – egal, ob es um noch einen Keks geht oder darum, die Wasserfarben auszupacken. Es kostet so wenig Mühe zu sagen: »Wenn Mama (oder Papa) einverstanden ist, gerne.« Es ist auch schön für Ihre Kinder, zu hören: »Hat Papa das nicht toll gemacht?«

Ihre kommunikativen Fähigkeiten werden auf eine harte Probe gestellt, falls zwischen Ihnen und Ihren Kindern etwas vorfällt, das Sie auf Dauer tatsächlich entfremden könnte. Statt auf Ihr gefühltes moralisches Recht zu pochen, können Sie sich bewusst dafür entscheiden, Ihr Kind zu unterstützen – egal, um welchen Preis. Dann kommt man auch in schlimmen Situationen auf Sie zu. Sie sind da, um die Scherben zu kitten, nicht um Porzellan zu zerschlagen.

Ich erlebe meine Kinder geduldiger und verständnisvoller, als ich es je war

Miriams Kummerkasten

F **Warum bekommt meine Nichte die ganze Aufmerksamkeit?**

Meine Schwester und ich waren gleichzeitig schwanger. Ich brachte als Erste einen wunderbaren Jungen, meinen zweiten Sohn, zur Welt. Eine Woche später entband meine Schwester ein süßes Mädchen. Seither betüdelt meine Mutter die kleine Prinzessin, während meine beiden Prinzen kaum eines Blickes gewürdigt werden. Ich weiß, dass das kleinlich ist, aber ich kann nicht anders, als mich darüber zu ärgern. Wie soll ich mich beherrschen, wenn meine Nichte die gesamte Aufmerksamkeit geschenkt bekommt?

A **Oma liebt sie alle**

Ich bezweifle, dass Ihre Mama bewusst ein Enkelkind vorzieht. Sie haben schlichtweg unter dem Neuigkeitswert der Kleinen und einem unglücklichen Timing zu leiden. Wenn zwischen den Geburten ein paar Wochen gelegen hätten, wäre Ihr Neugeborenes sicher im Mittelpunkt gestanden. Jetzt hat Ihre Mutter die erste Enkeltochter und ist darüber ganz aus dem Häuschen. Sie liebt Ihre beiden Jungs deshalb nicht weniger. Ihr Sohn wird auch keine emotionalen Wunden davontragen, weil er momentan von Oma ein bisschen weniger geknuddelt wird. Bemühen Sie sich also am besten um Gelassenheit und genießen Sie es, Ihren Sohn so viel für sich zu haben.

5 Legen Sie Fairness und Humor an den Tag

Selbst unter Ihren eigenen Kindern hatten Sie vermutlich einen Liebling: Ein Kind, das Ihnen am nähesten stand, das Sie besser zu verstehen und mehr zu lieben schienen als die übrigen. So kann das auch noch sein, wenn die Kinder erwachsen sind und heiraten, oder wenn Sie sich einen neuen Partner suchen, der eigene Kinder hat.

Aber es wäre falsch, eine solche Vorliebe offen zu zeigen, insbesondere gegenüber Ihren Enkeln. Als Ihre eigenen Kinder noch klein waren, fand die Bevorzugung nur in kleinem Rahmen statt und artete nicht weiter aus. Innerhalb der erweiterten Großfamilie ist das Publikum größer. Außerdem kommen noch Unsicherheiten, Eifersüchteleien und eventuell ein Wettlauf um den eigenen Status dazu.

Sie sollten der ruhende Pol innerhalb der Familie sein, sozusagen Gerechtigkeit und Unparteilichkeit in menschlicher Gestalt. Wenn irgend möglich, dann ersticken Sie negative Gefühle sofort im Keim. Werden sie nur ignoriert, können solche Gefühle unerwartet wie ein Pulverfass explodieren.

Bevorzugung anderer tut weh Ich bekomme viele Briefe von Eltern, die gekränkt sind, weil Großeltern andere Enkelkinder mit scheinbar mehr Aufmerksamkeit, mehr Süßigkeiten, größeren Geschenken usw. bedenken. Darüber sind sie ebenso traurig wie verärgert.

Es ist immer sehr hilfreich, wenn man dem Humor die Türe öffnet. Wie in fast jeder schwierigen Situation vermag Humor auch die Spannung in einer familiären Auseinandersetzung aufzulösen. Das größte Glück ist hier, wenn Sie den Dingen eine komische Seite abgewinnen können, wenn Sie Probleme und Missgeschicke auf die leichte Schulter nehmen und Traurigkeit mit einem kleinen Scherz zerstreuen können!

6 Untergraben Sie nie die Stellung Ihrer Kinder oder Enkel

Nichts ist für eine junge Mutter so demoralisierend wie eine hochnäsige Oma oder ein herablassender Opa: »Ich fand schon immer, dass es besser wäre, wenn ...« Dabei ist diese Aussage zweifellos liebenswürdig (wegen der höflichen Umschreibung) und wohlmeinend (wegen des Angebots, dass auch andere von der eigenen Erfahrung profitieren sollen). Doch wie viel leichter wäre der Rat anzunehmen, wenn er so formuliert wäre: »Was für eine gute Idee, das so zu machen. Daran habe ich noch nie gedacht.« Die erste Variante untergräbt die Position des Gegenübers, die zweite drückt Lob aus. Sie zögern doch auch, Ihre besten Freunde zu kritisieren, warum tun Sie es dann bei Ihren Kindern?

Schon seltsam, dass Großeltern immer meinen, ihre Kinder und Schwiegerkinder bevormunden zu dürfen. Denn genau das tun sie. Dadurch entfernen und entfremden Sie sich voneinander – und Sie selbst haben das zu verantworten. Noch schlimmer ist es, die Enkel anzugreifen, denn sie sind verletzlicher und emotional wie verbal wehrlos. Wenn Sie an Ihren Enkeln herummäkeln – womöglich noch hinter deren Rücken – werden Sie garantiert zu unbeliebten Großeltern: Eltern fühlen sich angegriffen; Kinder brechen in Tränen aus und fühlen sich schwach. Seien Sie sicher: Das geht an niemandem vorüber – und dann, so fürchte ich, können Sie Ihren Hut nehmen.

Ihre besten Freunde kritisieren Sie nicht – warum sollten Sie es dann bei Ihren Kindern tun?

Miriams Kummerkasten

F Meine Mutter kritisiert mich vor meinen Kindern. Was soll ich tun?

Meine Mutter hat sich schon immer in mein Leben eingemischt. Ich bin nicht gern mit ihr zusammen und oft bemerke ich, wie ich nach Ausreden suche, damit sie uns nicht besucht. Sie hat stets etwas auszusetzen und stellt mich vor meinen beiden Töchtern (acht und elf) dauernd infrage. Ich besitze genügend Selbstachtung, um mich ihrer Meinung über mich nicht anzuschließen, aber es verletzt mich trotzdem. Das Problem ist, dass meine Mädchen ihre Oma lieben und sie gerne um sich haben.

A Geben Sie ihr zu verstehen, dass ihre permanente Kritik nicht angebracht ist

Wer uns am nächsten steht, vermag uns auch am tiefsten zu verletzen. Mir scheint, Ihre Mutter versucht schon seit Jahren, die Kontrolle über Sie zu erlangen. Nur weil sie Ihre Mutter ist, hat sie jedoch kein Recht, Sie so respektlos zu behandeln. Es ist höchste Zeit, sie wissen zu lassen, dass ihre dauernde Kritik unangebracht ist und von Ihnen nicht länger hingenommen wird. Erklären Sie ihr, dass sie in ihrem Hause nicht mehr willkommen sein wird, wenn sie sich nicht ernsthaft um ein anderes Verhalten bemüht. Vielleicht wird die Zuneigung für ihre Enkel sie motivieren, ihre Einstellung zu überdenken. Schließlich tut es ihnen auch nicht gut, Zeit mit einer so dominanten und respektlosen Frau zu verbringen.

7 Erwarten Sie nicht, dass Rat und Hilfe immer angenommen werden

Wenn Sie irgendjemandem einen sachlichen Rat gäben, so würden Sie wohl kaum davon ausgehen, dass er einfach so angenommen wird. Sie würden wohl eher erwarten, dass derjenige kurz darüber nachdenkt und dann seine eigene Entscheidung trifft. Genauso sollten Sie – sofern Sie es fertigbringen – Ihren erwachsenen Kindern Ratschläge erteilen (nachdem Sie darum gebeten wurden). Wenn Sie nichts erwarten, werden Sie überrascht. Sicher öfter als Sie glauben.

Finanzielle Unterstützung bedeutet nicht, dass Sie darüber bestimmen können, wie man Ihr Geld verwendet

Warum Sie Ihren Rat eher emotionslos als nachdrücklich erteilen sollten? Weil Ihre Kinder damit abwägen können, ohne sich in die Ecke gedrängt zu fühlen. Als vernünftige Menschen werden Sie dann wahrscheinlich die Weisheit Ihrer Empfehlung erkennen und besser annehmen. Das Gleiche empfehle ich auch bei finanzieller Unterstützung, die Sie anbieten möchten. Ich persönlich halte nichts davon, sein Geld erst dann zu vermachen, wenn die Kinder ohnehin finanziell auf der sicheren Seite sind. Vielmehr finde ich die Idee gut, sie bei Ihrem ersten Haus, bei einem neuen Auto oder für einen größeren Urlaub zu unterstützen. Natürlich gibt Ihnen das trotzdem nicht das Recht, die Lage des Hauses oder die Automarke zu kritisieren. Finanzielle Unterstützung bedeutet nämlich nicht automatisch, dass Sie vorschreiben können, wie Ihr Geld verwendet wird.

8 Lassen Sie sich nicht zu emotionaler Erpressung hinreißen

Als liebendes Familienmitglied mit dem gleichzeitigen Anspruch auf einen objektiven Standpunkt geraten Sie leicht zwischen die Fronten. Vielleicht empfinden Sie sogar geteilte Loyalität, weil beide Seiten recht haben. Möglicherweise haben Sie auch ein schlechtes Gewissen, weil die Blutsbande zum eigenen Kind stärker sind als das Mitgefühl für ein Schwiegerkind. Ehe Sie sich versehen, eskaliert die Situation und Sie stehen vor einem richtigen Problem. Oder Sie sehen sich aus Angst, die Eltern ihrer Enkel zu verstimmen, außerstande, Partei zu ergreifen. Sie wollen ja den Kontakt nicht gefährden.

In ein emotionales Tauziehen zwischen den Eltern zu geraten, ist immer gefährlich. Denn zweifellos hat die Mutter Ihrer Enkel, sei es Ihre Tochter, Stieftochter oder Schwiegertochter, alle Trümpfe in der Hand. Selbst wenn Sie gefühlsmäßig am liebsten auf der Seite Ihres Sohnes, Stief- oder Schwiegersohnes stehen möchten, könnte das fatale Folgen haben. Es wäre auch ziemlich falsch. Denn Unstimmigkeiten zwischen Ihren Kindern und deren Partnern gehen Sie grundsätzlich nichts an. Darüber hinaus könnten Sie es ohnehin niemandem recht machen und dabei mindestens einen der Beteiligten verstimmen. Loyalitäten stehen außerdem auf dem Prüfstand, falls Sie selbst einen neuen Partner haben und sich zwischen ihm oder ihr und den Familien Ihrer Kinder hin- und hergerissen fühlen.

Miriams Kummerkasten

F Wer soll an erster Stelle stehen – mein Partner oder mein Enkel?

Ich bin seit zehn Jahren mit meinem Partner zusammen und wir sind immer sehr glücklich gewesen. Vor zwei Jahren hatte ich Brustkrebs und seine Unterstützung und Liebe waren unvergleichlich. Am letzten Neujahrstag bin ich erstmals Großmutter geworden. Mein Partner hat mir schon immer gesagt, dass er es nicht so mit Babys hat. Ich sehe ja ein, dass manche Männer anders empfinden als Frauen. Er ist nun eifersüchtig und will mich ganz für sich haben. Jetzt möchte er für Weihnachten und Silvester eine Kreuzfahrt buchen, so dass ich das erste Weihnachtsfest meines Enkels versäumen würde. Mein Partner kann nicht begreifen, warum ich eine so große Sache daraus mache, und meint, dem Baby wird es egal sein. Er ist stur und sagt, er wird notfalls auch allein fahren. Ich riskiere entweder, meinen Partner vor den Kopf zu stoßen oder meine Familie.

A Eifersucht sollte nicht die Atmosphäre vergiften

Krebs beeinträchtigt nicht nur unsere Gesundheit, sondern auch unser Gefühlsleben, unser Denken und Handeln. Ihre Auseinandersetzung damit hat ebenso wie die Geburt Ihres Enkels die Bedeutung der Familie für Sie verstärkt. Umso ungerechter, dass Ihr Partner sich nun in Konkurrenz dazu begibt. Aber ich vermute, er hat mit seinen eigenen

Befürchtungen zu kämpfen, der Krebs könnte zurückkommen, weshalb er neidisch auf Ihre Zeit mit dem Baby ist.

Eine Beziehung zu einem eifersüchtigen Menschen ist nicht leicht. Eifersucht macht unattraktiv und verwandelt den Menschen, der Sie liebt und unterstützt, in einen Feind. Wir neigen dazu, Eifersucht isoliert zu betrachten, dabei handelt es sich um ein Bündel miteinander verstrickter Gefühle. Eifersucht kann sich in Form von Wut, Angst, Verrat, Beklemmung, Unruhe, Trauer, Einsamkeit, Neid, dem Gefühl von Machtlosigkeit und des Ausgeschlossenseins, äußern. Stellen Sie sich auf den

Versetzen Sie sich kurz einmal in *Ihren Partner* hinein ...

Standpunkt Ihres Partners: Konzentrieren Sie sich vielleicht so sehr auf Ihren Enkel, dass er sich vernachlässigt fühlen könnte? Er möchte Sie auf dieser Kreuzfahrt ganz für sich haben. Können Sie etwas tun, um ihm im Alltag wieder mehr Liebe zu geben?

Andererseits muss Ihr Partner anerkennen, dass Ihr Enkel zum ersten Mal an den Weihnachtsritualen der Familie teilnehmen wird. Ihr Enkel wird das Außergewöhnliche der Feiertage sehr wohl mitbekommen.

Sie beide haben sich als gutes Team bewiesen. Bitte lassen Sie sich das von einer Meinungsverschiedenheit nicht zerstören. Wie wäre es mit einer Kreuzfahrt vor den Feiertagen?

✳

Bleiben Sie neutral Die mit Abstand beste Strategie ist es, für keine Seite Partei zu ergreifen. Verlassen Sie falls nötig den Raum, sagen Sie nichts, machen Sie einen Spaziergang. Hüten Sie sich davor, ins Kreuzfeuer der Ehepartner zu gelangen, sonst sind Sie plötzlich das Problem – und nicht mehr willkommen. Verhalten Sie sich auch neutral: Oft verraten Körpersprache, Blick, oder kurze Bemerkung Ihre wahren Gefühle und bringen das Kartenhaus zum Einsturz.

Ich sage das nur selten, aber im Falle von Großeltern ist die Rolle des Zaungasts oft die beste. Ratsamer ist es vielleicht, auf positive Aspekte beiderseits hinzuweisen und dann rasch noch ein »Wie ihr euch auch entscheidet – ich unterstütze euch« hinzuzufügen.

9 Vermitteln Sie das Gefühl, es sei gut zu wissen, dass es Sie gibt

Sind Sie Optimist? Prima! Dann verbreiten Sie Ihren Optimismus, damit werden Sie stets überall willkommen sein. Es gibt Menschen, die von Natur aus stets nur das Gute sehen. Ich kann mich noch gut an die aufmunternden Sprüche meiner Mutter erinnern: »Nach jedem Regen folgt Sonnenschein!« und »Geteiltes Leid ist halbes Leid!«.

Man ist gern mit Leuten zusammen, die eine positive Lebenseinstellung pflegen, das gilt ganz besonders für Großeltern. Angesichts Ihrer Erfahrung ist es von großer Bedeutung, wenn Sie eine Situation als undramatisch einstufen. Und alle werden sich besser fühlen. Es tut auch Ihren Enkeln gut, zu sehen, dass man Probleme nicht zu schwer nehmen muss. Sie können ihnen klarmachen, was wichtig oder weniger wichtig ist. So manche Krise lässt sich damit abwenden, und Sie geben Ihren Enkeln die Sicherheit, dass alles sich zum Guten wenden wird. Was dank Ihrer Hilfe auch geschehen kann.

Es ist wunderbar, gebraucht zu werden – mit der richtigen Einstellung *gelingt das*

Positiv denken! Wie in jeder guten Freundschaft können Sie Ihren Kindern und Enkeln gegenüber das Positive hervorheben und das Negative ausblenden. Optimismus ist ein wahres Geschenk für die Familie. Wenn man in Ihnen den Problemlöser sieht, wenn man darauf setzt, dass Sie die Dinge eher erleichtern als kompliziert zu machen, wenn man weiß, dass Sie im Zweifelsfall in die Bresche springen, dann werden die Familien Ihrer Kinder Sie mit Freuden integrieren.

Der Lebensabschnitt, in dem Sie sich gerade befinden, ist perfekt für diese Rolle. Sie besitzen alle nötigen Fähigkeiten und sind darin geschult, Hindernisse zu überwinden und Widrigkeiten zu trotzen. Sie kennen die Lösung für die meisten Probleme. Und als mitfühlende Beraterin, die sich nicht in den Vordergrund spielt, werden Sie erleben, dass Ihre Kinder ganz von selbst wieder und wieder Ihre Fähigkeiten in Anspruch nehmen. Diese gegenseitige Wertschätzung ist genau das, was Sie mit zunehmendem Alter brauchen. Denn es ist wunderbar, nützlich zu sein und gebraucht zu werden – und mit der richtigen Einstellung gelingt Ihnen das auch.

Dann ist da noch die Zuneigung, die Sie zu geben haben und von der Ihre Kinder und Enkel gerne profitieren. Erst gestern hörte ich einen meiner Söhne sagen: »... Mama hat bereitwillig ihren Tagesablauf umgeworfen, um bei uns einzuspringen ...«. Natürlich schätzen Ihre

Enkel es genauso, wenn Sie als Trösterin bei Wehwehchen einspringen, allzeit bereit mit aufmunternden Worten und tröstenden Streicheleinheiten. Mit Küssen und Knuddeln können Sie Schmerzen und Unsicherheiten einfach wegzaubern. Man merkt sich, dass man sich auf Sie verlassen kann, weil Sie mit Liebe und Verständnis bereitstehen, um Kummer zu lindern. Mit einem Lächeln und einem beruhigenden »Schon gut, schon gut« heitern Sie auf, statt mit Stirnrunzeln und Schimpfen alles nur noch schlimmer zu machen.

10 Suchen Sie Lücken, die nur Sie füllen können

Hier können Sie sich als Großeltern vollkommen verwirklichen. Mit »Lücke« meine ich eine Aktivität (z. B. Gärtnern), ein Hobby (z. B. Vögel beobachten) oder ein Talent (Zeichnen, etc.), mit dem Sie Ihre Enkel in Ihre Welt einladen. Für solche Aktivitäten besitzen Sie in der Regel eine grenzenlose Leidenschaft, die sich sofort auf Ihre Enkel übertragen wird. Machen Sie gemeinsam eine aufregende Reise: Sie als wohlmeinender Lehrer, Ihr Enkel als gelehriger Schüler.

Wenn Sie damit schon früh beginnen, wird Ihr Enkel in Ihnen fortan den besten Reisegefährten der Welt sehen. Kinder sind für solche Entdeckungsreisen sehr empfänglich und sobald sie dazu in der Lage sind, werden sie Ihnen ebensolche kleinen Geschenke machen. Daraus kann sich ein lebenslanges Geben und Nehmen entwickeln.

Natürlich erweitern Sie dadurch auch den Horizont Ihres Enkelkindes mit etwas, wofür den Eltern oft die Zeit oder auch die Erfahrung fehlt. Dabei spielt es überhaupt keine Rolle, ob Sie gemeinsam Insekten erforschen, Briefmarken sammeln oder Töpfern. Die Möglichkeiten sind unendlich – es kommt nur darauf an, dass Sie etwas gemeinsam machen.

Miriams Kummerkasten

F Soll ich meine Kinder von ihrem missmutigen Großvater fernhalten?

Mehrmals habe ich erlebt, wie mein Schwiegervater ruppig mit unseren sechs und drei Jahre alten Kindern umging. Er schreit, wenn sie ihm im Weg stehen, und beschwert sich, sie seien zu laut. Er ist ihr einziger Opa, aber sie haben Angst vor ihm. Meine Schwiegermutter ist das Gegenteil, sie liebt die Kinder abgöttisch und zeigt ihnen das auch. Es widerstrebt mir zutiefst, sie seiner schlechten Laune auszusetzen, aber wenn ich den Kontakt einschränke, entziehe ich sie auch ihrer Oma. Was soll ich nur machen?

A Halten Sie ihn wenn irgend möglich bei Laune

Sie werden den Opa nicht ändern, finden Sie sich mit seinem Unverständnis ab. Wenn Sie den Kontakt abbrechen, treffen Sie Ihre Schwiegermutter schwer. Auch den Kindern gegenüber wäre das unfair. Vielleicht können Sie ihn gegen die Kinder abschirmen, um Wutanfälle von vornherein zu vermeiden. Alles, was Ihre Kinder tun können, um es dem Opa recht zu machen, ist schon eine kleine Lösung: Malen oder Lesen sind beispielsweise Beschäftigungen, die Sie den Kindern in seiner Gegenwart geben können. Auch wenn er im Moment kein großartiger Opa ist, wird er vielleicht noch sanfter werden, sobald die Kinder älter sind. Vielleicht könnte auch Ihr Mann verständnisvoll mit seiner Mutter sprechen.

4 Heikle Themen

In all Ihren Lebensbereichen mögen Sie ein frei denkender Mensch sein. Die Liebe zu Ihren Enkeln allerdings setzt dieser Freiheit bisher unbekannte Grenzen. Diese Liebe kann so groß sein, dass Sie sich von ihr fangen und leiten lassen – ob Sie wollen oder nicht. Vor allem dann, wenn Sie und Ihre Kinder unterschiedlicher Meinung sind.

Machen Sie sich bei heiklen Themen zuallererst klar: Wenn Sie Ihre Kinder oder Schwiegerkinder gegen sich aufbringen, können sie Ihnen den Zugang zu den Enkeln verwehren. Bei jeder Meinungsverschiedenheit sitzen Ihre Kinder immer am längerern Hebel. In diesem Kapitel gehe ich auf die meiner Ansicht nach geläufigsten Probleme ein und habe daraus eine Art Rangliste erstellt. Die reicht von heiklen Themen über verzwickte Bereiche bis hin zu echten Tabus, die Sie besser nicht oder nur auf eigene Gefahr brechen.

Die Großelternrolle muss man lernen, ebenso wie die Rolle als Eltern. Bei den allgemeinen Regeln kann man sich auf sein Bauchgefühl verlassen. Wo es mehr ins Detail geht, müssen wir allerdings eine Lehrzeit bestehen. Wer das ignoriert, wird vermutlich Fehler machen. Aber: Wer seine Fehler einsieht und sich dafür entschuldigt, kann den Schaden begrenzen. Ohnehin liegen Sie ja niemals falsch, wenn Sie bereitwillig um Verzeihung bitten.

Bemühen Sie sich um Takt, Toleranz und Flexibilität

Meiner Erfahrung nach können sich Risse sowohl quer durch die Familie als auch entlang der Generationen bilden. So müssen beispielsweise die Großelternpaare von beiden Seiten nicht einer Meinung sein oder überhaupt miteinander auskommen. Die einen geben oder bekommen vielleicht mehr Aufmerksamkeit, was letztendlich zu Eifersucht, aufgestautem Ärger und Meinungsverschiedenheiten führen kann. Nachdem das Wichtigste jedoch die Verbindung zu Ihren Enkeln ist, sollten Sie sich stets um Taktgefühl, Toleranz und Anpassungsfähigkeit bemühen. Seien Sie ein versöhnlicher Schlichter und riskieren Sie unter keinen Umständen, diesen wertvollen Kontakt zu verlieren.

Wenn Sie sich stets bereitwillig
entschuldigen können,
ist schon viel gewonnen

Wenn es um heikle Themen geht, kochen schnell Gefühle auf. Doch sie führen zu nichts. Sei es noch so anstrengend – halten Sie sie einfach im Zaum. Wenn Sie bedenken, dass es um Ihre Kinder und Enkel geht, dann sind übermenschliche Anstrengungen allemal angebracht. Gelingt Ihnen das, können Sie zum wichtigsten Helfer der gesamten Familie aufsteigen. Ihr Mantra sollte lauten »Oma hilft«, nicht »Oma streut Sand ins Getriebe«. So nehmen Sie in den Augen Ihrer Enkel die Rolle der Lehrerin oder des Schlichters ein. Sanftmütigkeit, Rücksichtnahme, Freundlichkeit und Großzügigkeit – wenn Sie mögen auch Ordnung und Sauberkeit – lassen sich so allein durch Ihr gutes Beispiel vermitteln. Benutzen Sie, statt Gebote zu erlassen, lieber Aussagen wie »Wir machen das eigentlich so« und »Das tun wir eigentlich nicht«. Benutzen Sie das Wort »wir«, um sich selbst einzuschließen und es Ihren Enkel zu erleichtern, darauf einzugehen.

Das mag Ihnen vielleicht wie ein Opfer erscheinen, aber gelegentlich ist eben genau das nötig. Und wenn man die Alternative bedenkt (Ihre Enkelkinder nicht mehr sehen), dann bin zumindest ich für meinen Teil gern bereit, den Zorn zu bändigen. Außerdem gibt es noch eine Möglichkeit, um nicht immer alles zu schlucken: Überlassen Sie Ihren Kindern das Steuer: »Was wäre euch am liebsten?« oder »Was würde dir am meisten helfen?« oder »Wie soll ich das deiner Ansicht nach machen?«.

Wie man Spannungen in der Familie vermeidet

Mir ist klar, dass das alles hier nach der perfekten, glücklichen Familie klingt. Doch natürlich entstehen manchmal auch Reibereien. Die bereits beschriebene versöhnliche Einstellung ist hier gefragt. Es gibt ein paar Taktiken, die Ihnen helfen, sicher durch diese rauen Gewässer zu steuern. Im Laufe der Jahre und nach Gesprächen mit vielen Großeltern bin ich zu dem Schluss gekommen, dass es gewisse Vorgehensweisen gibt, die funktionieren. Das ist zwar keine Garantie, um die Spaltung einer Familie zu verhindern, aber sie sind den Versuch wert. Sicherlich können Sie dieser Liste aufgrund eigener Erfahrungen noch einiges hinzufügen.

Lassen Sie sich nicht von Ihrem Stolz leiten Welche Rolle spielt es, wenn Sie nicht auf Ihr angestammtes Recht beharren, sondern einfach nachgeben? Schon klar - Sie haben ein langes Leben hinter sich und könnten alles besser wissen. Aber daraus sollten Sie Zurückhaltung und die nötige Weisheit gewonnen haben, wann man nachgibt.

Hegen Sie keinen Groll Denn den merkt man Ihrem Verhalten an! Sie mögen versuchen, ihn zu verbergen, aber Sie werden kühl, rechthaberisch und unnahbar wirken. Ihre Kinder werden solche Gefühle instinktiv bemerken und Sie nicht mehr um sich haben wollen.

Gerade weil Ihre Kinder Ihnen so lieb sind, ist es schwer, zu vergeben, zu vergessen und nach vorne zu schauen. Aber genau das müssen Sie tun. Für alles andere ist das Leben sowieso zu kurz.

Verursachen Sie keinen Showdown So etwas werden Ihre Kinder niemals vergessen. Es lohnt sich selbst dann nicht, wenn Sie die Genugtuung haben, Ihre Meinung gesagt zu haben. Ein klägliches Ergebnis, wenn Ihre Kinder Sie dann nicht mehr sehen wollen. Denken Sie lieber längerfristig.

Ergreifen Sie nicht Partei für einen Elternteil Auch wenn einer der beiden Ihr Kind ist und Sie sich automatisch stärker zu ihm hingezogen fühlen, ist es nie ratsam, parteiisch zu sein. Ihr Job ist es, Verbündete oder Verbündeter für alle zu sein. Ansonsten werden Sie zwangsläufig einen von beiden gegen sich aufbringen und selbst zum Stein des Anstoßes werden. Nicht gerade erstrebenswert.

Vermeiden Sie eine Schlammschlacht Was ist gewonnen, wenn Sie auf Ihre Würde pochen? Nur der Ruf, bockig oder pedantisch zu sein, sonst nichts. Und was steht auf dem Spiel? Etwas sehr viel Wichtigeres – eine Menge wunderbarer Zeit mit Ihren Enkeln.

Meinungsverschiedenheiten

Es gibt zahllose Fragen, auf die Sie und Ihre Kinder unterschiedliche Antworten finden werden: Moden und Marotten moderner Kindererziehung, geändertes Denken und Verhalten usw. Neue Impfempfehlungen etwa mögen Ihnen übertrieben erscheinen, aber es bringt nichts, solche Bedenken zu äußern. Wenn Sie sich dagegen aussprechen, verunsichern Sie damit nur Ihre Kinder. Ihr Kind oder Schwiegerkind hat ein Buch über Kindererziehung gelesen, Sie mögen Teile davon oder vielleicht sogar den gesamten Inhalt ablehnen. Aber es wäre unklug, diese Ansichten zu äußern, denn das käme der Aussage gleich, Ihr Kind sei eine schlechte Mutter bzw. ein schlechter Vater.

Seit Ihre Kinder klein waren, haben sich einige Methoden geändert, viele davon aus gutem Grund, also wäre es klug, sich in strittigen Punkten erst einmal schlauzumachen, bevor Sie Ihre Meinung kundtun. Lesen Sie das neueste Buch zur Babypflege, besuchen Sie Webseiten zum Thema Impfung. Besorgen Sie sich ein Exemplar des Buches, auf das Ihr Kind sich beruft, und lesen Sie es. Damit tun Sie nur das, was Sie sich von Ihrer Mutter gewünscht haben, als Sie beide Ihre Auseinandersetzungen zum Thema Kinder hatten. Und Sie verhalten sich goldrichtig, wenn Sie nun das beherzigen, was Sie damals Ihrer Mutter predigten: »Ich werde meine Kinder so aufziehen, wie ich will, und mir von dir nicht dreinreden lassen.«

Klassische Kinderthemen

Nach meinen Leserbriefen zu urteilen, sind dies die häufigsten Streitpunkte zwischen Eltern und Großeltern:

Abstillen Früher fütterte man ab dem vierten Lebensmonat zu, heute allerdings warnen die Empfehlungen der WHO Mütter, dies nicht vor dem sechsten Monat zu tun. Die meisten Experten sind sich darin einig, dass ausschließlich Muttermilch in den ersten sechs Monaten das Beste für ein Baby ist, auch wenn Flaschenkinder natürlich ebenso gedeihen. Ich weiß, wie verlockend es ist, mit dem Zufüttern zu beginnen, wenn ein Säugling immer hungrig erscheint oder nachts nicht durchschläft. Frühes Zufüttern ist hier allerdings nicht

Muttermilch ist in den ersten sechs Monaten die beste Babynahrung

Einander respektieren

Je nachdem, wie wichtig ein Thema Ihren Kindern ist, kann man ein zurückhaltendes, einfühlsames Gespräch führen, bei dem jeder bereit ist, sich die Meinung des anderen anzuhören bzw. davon zu profitieren. Ich habe das erlebt, als eine meiner Schwiegertöchter, eine Verfechterin der ganzheitlichen Medizin, die Masern-Mumps-Röteln-Impfung meines Enkels durch ein pflanzliches Mittel ersetzen wollte, das angeblich den gleichen Schutz bot. Nachdem ich viele wissenschaftlichen Erkenntnisse gelesen und über die Sicherheit der Impfung geschrieben hatte, wusste ich, dass es keinen pflanzlichen Ersatz gab und war sehr besorgt. Wie sollten wir hier eine Lösung finden?

Ich bat meine hochintelligente und überaus sensible Schwiegertochter um Literatur über das pflanzliche Präparat. Sie fragte mich im Gegenzug nach einem Schwung meiner Artikel. Also studierten wir beide die Theorien der anderen. Sie gestand mir, sich von den Verfechtern beider Meinungen belagert zu fühlen, und es widerstrebte ihr, sich von irgendjemand (mich eingeschlossen) unter Druck setzen zu lassen. Ich versuchte weiterhin, meiner Schwiegertochter nichts aufzudrängen; mir schien, dass Sie vor allem Zeit und Entscheidungsspielraum brauchte, um einen eigenen Entschluss zu fassen.

Drei Wochen später war mein Enkel geimpft. Letztlich, so meinte sie, hätte sie zu viel Angst gehabt, es nicht zu tun. Meiner Ansicht nach nicht die schlechteste Begründung einer Entscheidung.

die richtige Lösung. Wir wissen inzwischen einfach zu viel über den Zusammenhang von Allergien und zu früher Flaschennahrung.

Ich erinnere mich auch, meinen eigenen Kindern relativ früh tierisches Eiweiß – Fleisch, Fisch, Eier und Käse – gefüttert zu haben. Das war bei Ihnen vielleicht nicht anders, inzwischen ist dieses Vorgehen allerdings überholt. Heutzutage beginnt man mit Reis und führt dann schrittweise, ca. in wöchentlichem Abstand, eine Obst- oder Gemüsesorte ein. Mit tierischem Eiweiß warten die meisten Eltern bis ihr Kind neun oder sogar zwölf Monate alt ist. Heute sind Babys größer und gesünder als je zuvor. Ihre Lebenserwartung nähert sich den 120. Wer würde da zu behaupten wagen, dass moderne Eltern sich irren? Ich sicher nicht.

Heute sind Babys **größer und gesünder** *als je zuvor ...*
Wer wagt da zu behaupten,
dass moderne Eltern irren?

Weinen Ich habe meine Babys niemals weinen lassen, weil ich wollte, dass sie mit der Gewissheit aufwachsen, dass jemand sie hört und zu ihnen kommt, wenn sie nach Aufmerksamkeit verlangen. Meine Mutter hing einer älteren Schule an, die den Standpunkt vertrat, es stärke die Lungen eines Babys, wenn es eine halbe Stunde lang schreit, und es würde ihm nicht schaden, unbeachtet so lange zu weinen. Ich hätte das nie vermocht, hätte gar nicht die Nerven

Miriams Kummerkasten

F Friert meine Enkelin?

Meine Tochter hat ein entzückendes kleines Mädchen zur Welt gebracht, auf das wir sehr stolz sind. Ich bin besorgt, weil ich fürchte, meine Tochter hält es nicht warm genug. Es ist nur leicht zugedeckt und seine Händchen und Wangen sind immer kalt. Sie sagt, dem Baby dürfte es nicht zu warm werden, aber schließlich haben wir Winter und oft ist es im Haus kalt. Das Baby weint viel und ich weiß nicht, ob es Blähungen sind oder ob es friert. Ich schrecke davor zurück, mich einzumischen. Meine Tochter hält sich strikt an ein Buch, in dem auch steht, man solle die Kleine kein bisschen pudern, nachdem sie gebadet wurde.

A Lassen Sie Ihre Tochter nur machen

Ich denke, Ihre Tochter hat in beiden Punkten recht: kein Puder auf die Babyhaut, die würde davon gereizt. Und das Kind eher kühl halten als zu warm einpacken. Aus leidvoller Erfahrung weiß man heute, dass zu viel Wärme eine mögliche Ursache des plötzlichen Kindstods ist. Das liegt daran, dass ein Baby seine Körpertemperatur nicht regulieren kann, wenn es überhitzt ist. Babys geben Wärme über Brust, Gesicht, Kopf und Hände ab, deshalb sollte man diese Körperteile nicht zudecken und ein Baby auf den Rücken legen.

Sie tun gut daran, sich nicht einzumischen, auch wenn es schwerfällt. Behalten Sie Ihre Meinung für sich, lassen Sie Ihre Tochter das Baby so aufziehen, wie sie es für richtig hält.

dafür gehabt. Natürlich war meine Methode für mich ebenso hart wie für meinen Mann, auch wenn wir uns Nacht für Nacht abwechselten, denn unsere beiden Jüngsten waren keine besonders guten Schläfer.

Meine Kinder und Stiefkinder sind sicher keine herzlosen Eltern, aber sie haben sich für eine moderne Methode im Umgang mit Babygeschrei entschieden, insbesondere was das abendliche Zubettgehen betrifft. Ich glaube, das ist eine Mischung aus meiner Methode und der meiner Mutter. Anfangs fand ich sie übrigens herzzerreißend schwer, aber ich hätte mich nie über die Wünsche meiner Kinder hinweggesetzt. Ihr Konzept beruht auf drei Grundsätzen:

- Jedes Baby darf sein Bettchen und seinen Schlaf genießen. Das funktioniert aber nicht, wenn es über längere Zeit unbeachtet schreit.
- Mit Hilfe der Eltern kann das Baby lernen, sich selbst zu beruhigen.
- Anfangs ist die Gegenwart eines Elternteils oder einer anderen Bezugsperson (z. B. der Oma) nötig, um das Kind zu beruhigen.

Das Baby wird hingelegt; wenn es weint, kann man es nach fünf Minuten kurz streicheln und dann das Zimmer wieder verlassen. Nach weiteren fünf Minuten wird das Ritual wiederholt usw., bis das Baby sich beruhigt. Am ersten Abend weinte meine Enkelin 40 quälende Minuten lang, am zweiten 30, und am vierten schon überhaupt nicht mehr. Hätte mich mein Sohn diese Methode nur früher lehren und mir zahllose unruhige Nächte ersparen können!

Schlafenszeiten Ich war eine Vollzeit arbeitende Mama und wollte meine Kinder sehen, wenn ich von der Arbeit nach Hause kam. Also war ich, was Schlafenszeiten anging, sehr entspannt. Mir kam es vor, als würden die Kinder ungefähr zur gleichen Zeit einschlafen – egal, ob sie noch eineinhalb Stunden Remmidemmi in ihren Betten machten, bis sie der Schlaf übermannte, oder ob sie um mich herumspran-

Miriams Kummerkasten

F **Hat meine Schwiegermutter recht? Sind Schnuller schädlich?**

Meine Schwiegermutter lehnt Schnuller ab und macht abfällige Bemerkungen über meinen Dreijährigen, der hin und wieder noch gerne einen benutzt. Ich ignoriere das, weil ich ohnehin der Meinung bin, dass sie das nichts angeht. Ich erziehe meine Kinder, wie es mir passt. Allerdings hat sie Zweifel in mir geweckt. Kann ein Schnuller vielleicht doch schaden?

A **Schnuller können sogar nützlich sein!**
Was denkt sich Ihre Schwiegermutter bloß? Sie sollte sich besser zurückhalten. Natürlich haben Sie das Recht, Ihre Kinder nach eigenem Gutdünken zu erziehen. Moderne Schnuller sind ungefährlich und fügen Babys keinerlei Schaden zu. Im Gegenteil: Sie sind sehr effektive Tröster. Und vielleicht interessiert es Sie, was ich über den Nutzen von Schnullern herausgefunden habe.

Neue Forschungen belegen, dass Schnuller zum Einschlafen und während des Schlafs das Risiko des plötzlichen Kindstods mindern. Denn um an seinem Schnuller zu nuckeln muss ein Baby auf dem Rücken liegen. Wie Ihre Schwiegermutter diese Neuigkeit wohl aufnimmt?

Moderne Schnuller sind nützlich

83

gen und neben mir auf dem Sofa einschliefen, während ich etwas las. Dann hob ich sie auf und trug sie zufrieden ins Bettchen.

Der gegenwärtigen Elterngeneration würde es vor meinen Gewohnheiten grausen. Diese Eltern wollen, vernünftigerweise, Abende für sich. Feste Schlafenszeiten also. Das verlangt ein strenges Abendritual: Waschen, Fläschchen, Vorlesen und ab ins Bett bis sieben Uhr. Hier füge ich mich. Ich vermisse zwar die langen Badewannenfeste, die unzähligen Bücher und das Gute-Nacht-Sagen mit Kuscheln und Singen. Aber meine Kinder wissen es besser, ich habe dazugelernt.

Bis sie es mir bewiesen, wusste ich nicht, dass ein Kind umso mehr schläft, je mehr es schläft. Ein ordentliches Nickerchen am Nachmittag bedeutet also nicht, später ins Bett zu gehen, ebenso wenig wie frühes Schlafengehen frühes Aufstehen zur Folge hat. Ein um 19 Uhr zu Bett gebrachtes Baby wird volle zwölf Stunden oder mehr schlafen. Ein Kind, das später hingelegt wird, wacht mit größerer Wahrscheinlichkeit zwischendurch auf und wird morgens eher wach.

Meine Kinder wissen es besser,
ich habe wieder einmal dazugelernt

Disziplin Ich hasse das Wort zwar, aber es scheint keine echte Alternative zu geben. Ich halte nichts davon, Kinder zu disziplinieren – meine Mutter hat das mit harter Hand getan. Ich möchte Kinder ermutigen und belohnen. Das ist eine heikle Sache, wenn Sie und Ihre Kinder nicht einer Meinung sind. Sollten sie sehr autoritär sein, wird Sie das schmerzen. Andersherum könnten Sie verbissen reagieren.

Generell scheinen Eltern heute mit Disziplin sehr gut umzugehen. Sie wirken entschlossener, wenn das notwendig ist, und ansonsten sehr locker. Offenbar verstehen sie, was mir nie gelungen ist: nämlich, dass man Kinder – zumindest in den ersten beiden Lebensjahren – aufziehen kann, ohne jemals die Stimme zu erheben. Das geborgenste Kind, dem ich bislang begegnet bin, ist eine meiner Enkelinnen, die seit je von ihren Eltern nur liebevolle Worte gehört hat. Selbst bei Katastrophen lächeln sie und nehmen alles entspannt. (»Lass sie dich nie ängstlich, geschockt oder verstimmt sehen«, pflegt meine Schwiegertochter weise zu sagen.) Deshalb kann dieses Kind mit fremden Menschen und neuen Situationen umgehen, ist fröhlich und extrovertiert, verkraftet Abschiede von den Eltern problemlos, geht locker mit Missgeschicken um, weint niemals lange, lässt sich von jedem zu Bett bringen und schläft glücklich ein.

In diesem Fall wäre es schon sehr gewagt, eine andere Erziehung vorzuschlagen. Auch wenn ich nicht mit allem einverstanden bin.

Auch wenn Ihr Kind einen völlig konträren Standpunkt einnimmt – z.B. Ihr Enkelkind bestraft, vielleicht sogar schlägt – rate ich nicht zu einer großen Abrechnung. Das könnte bedeuten, dass Sie Ihr Enkelkind nicht mehr trösten und kein Gegengewicht mehr zu den aggressiven Eltern sein könnten.

Heute scheinen Eltern das
Thema Disziplin gut
im Griff zu haben

Miriams Kummerkasten

F **Wie kann ich meine Schwiegermutter davon abhalten, meine Tochter zu vereinnahmen?**

Ich hatte ein passables Verhältnis zu meiner Schwiegermutter, bis im letzten Jahr unsere Tochter zur Welt kam. Sie wollte bei der Geburt dabei sein, aber ich mochte wirklich keinen außer meinem Mann um mich haben, das hat sie schwer verärgert. Als die Wehen einsetzten, rief mein Mann sie an und sie erschien im Krankenhaus. Allerdings sorgte die Hebamme dafür, dass sie draußen blieb. Ich verärgerte sie erneut, als ich mich weigerte, ihr das Baby für einen Nachmittag nach Hause mitzugeben, als es erst wenige Tage alt war. Ich weiß, dass meine Tochter ihr so wichtig ist, weil sie sich mit ihrem anderen Sohn zerstritten hat und er ihr nicht erlaubt, seine drei Kinder zu sehen. Aber sie möchte meine Tochter jeden Tag zu sich nehmen; das ist mir zu viel. Sie glaubt auch an den Grundsatz »Wer die Rute schont, verdirbt das Kind«, der mir absolut zuwider ist. Was soll ich tun?

A **Ersticken Sie das Problem im Keim – jetzt**
Da Sie gegensätzliche Vorstellungen von Kindererziehung haben, verstehe ich Ihre Sorge, Ihre Tochter könnte verwirrende Botschaften, etwa zum Thema Disziplin erhalten. Und vielleicht eines Tages sogar einen Klaps von ihrer Großmutter bekommen. Ich bin mir sicher, dass Ihre Schwiegermutter ihrem Enkelkind niemals bewusst Schaden zufügen

würde, aber zwei Menschen mit unterschiedlichen Ansichten von richtig und falsch können sie durchaus beeinträchtigen. Und falls Ihre Schwiegermutter ein dominanter Charakter ist, sind Auseinandersetzungen unausweichlich, sofern Sie das Problem nicht im Keim ersticken.

Eine Beziehung zu ihrer Enkelin zu entwickeln mag für Ihre Schwiegermutter wichtig sein, aber dabei dürfen Ihre Rechte als Mutter nicht mit Füßen getreten werden. Als frischgebackene Mutter brauchen Sie niemanden, der Sie ständig belauert und bedrängt. Sie denkt vielleicht, Ihnen einen Gefallen zu tun, indem sie Ihnen Zeit für sich selbst schenkt, aber vielleicht vereinnahmt sie Ihre Tochter auch, um die Leere in ihrem eigenen Leben zu füllen. Sie sollten Ihrer Schwiegermutter klipp und klar sagen, dass sie zu Ihnen kommen muss, wenn sie Zeit mit dem Baby verbringen möchte. So hat sie nach wie vor das Vergnügen, mit ihrer Enkelin zu spielen, kann aber Ihre Position nicht mehr einnehmen. Außerdem haben Sie so in Fragen der Disziplin die volle Kontrolle. Ich hoffe, Sie können auf die Unterstützung Ihres Mannes zählen. Nicht zuletzt im Interesse seiner Tochter. Wenn er sich das nicht traut, bleiben Sie trotzdem stark und konsequent.

Ihre Rechte als Mutter
dürfen nie missachtet werden

Essen So wichtig wie ich das Schlafen im Bett sah, sah ich auch das Essen am Tisch. Für ein lebhaftes Kleinkind bedeutet es eine echte Herausforderung, still zu sitzen und ordentlich zu essen. Wenn Sie hier mit Druck etwas erreichen wollen, kann das für beide entmutigend ausgehen. Denn kein Kind lässt sich zum Essen zwingen.

Wachstum und Entwicklung von Kleinkindern macht es ihnen rein physisch schwer, sich an geregelte Essenszeiten zu halten. Anders als ein Baby im ersten Lebensjahr wächst ein Kleinkind langsamer und eher schubweise, der Appetit ist deshalb unvorhersehbar. Kinder dieses Alters naschen überall und jederzeit. So bringen Sie das Kind dazu, mehr zu sich zu nehmen als bei strikten Essensrhythmen.

Heutzutage ist es den meisten Eltern wichtiger, dass sich ihr Kind im Laufe eines Tages ausreichend ernährt, egal, wo und wann das geschieht. Ich weiß aus vielen Briefen, dass Großeltern mit dieser Einstellung Probleme haben – sie erscheint planlos und guten Tischmanieren abträglich. Sollte es Ihnen auch so gehen, dann Vorsicht. Vermutlich sind Sie nur bei wenigen Mahlzeiten zugegen. Während die Eltern die Ernährung ihres Kindes tagein, tagaus regeln und dabei zu einer Routine gefunden haben, mit der sie vermutlich zurechtkommen. Sind Sie sicher, dass sich die mit strengeren Regeln verbessern ließe? Freude am Essen schadet keinem Kind. Auf der anderen Seite isst kein Kind, das unglücklich ist. Entscheiden Sie also selbst, welches Verhalten ratsam wäre.

Bleiben Sie beim Thema **Ernährung und Essenszeiten locker**

Miriams Kummerkasten

F **Ist meine Schwiegertochter nicht unfair?**
Ich vergöttere meinen dreijährigen Enkel und wir haben eine intensive Beziehung. Das Problem ist, dass seine Mutter, meine Schwiegertochter, sich manchmal einmischt. Sie sagt mir, was er kann und was nicht, und das bezieht sich auch aufs Essen: Sie mag nicht, dass ich ihm Süßes gebe. Manchmal sage ich ihm, er solle es nicht verraten, wenn wir genascht haben. Jetzt ist sie dahintergekommen und droht damit, dass ich meinen Enkel nicht mehr sehen dürfe, weil sie mir nicht trauen könne.

A **Sie haben ihr Vertrauen verspielt**
Nachdem Sie ihr Vertrauen gebrochen haben, können Sie nur sich selbst Vorwürfe machen. Egal, ob Sie unterschiedliche Vorstellungen davon haben, was gut für Ihren Enkel ist. Sie ist seine Mama und hat das Sagen.
Es war auch Ihrem Enkel gegenüber unfair, widersprüchliche Botschaften im Bezug auf Süßigkeiten zu vermitteln. Sie haben ihn zur Illoyalität angestiftet und ihn seine Mutter beschwindeln lassen. Was jetzt zu tun ist? Sie sollten sich bei Ihrer Schwiegertochter entschuldigen und versprechen, dass eine solche Hinterhältigkeit nie wieder vorkommt. Halten Sie sich nun von allen Aktivitäten fern, die Konfliktpotenzial bergen. Sich daran zu erinnern, wie es war, Kind zu sein, ist eine Sache. Sich wie eines zu benehmen, eine ganz andere!

Man kann ein Kind *nicht* durch *zu viel Liebe* verziehen

Verziehen Beim Thema Verziehen hat jeder seine ganz persönliche Definition. Auf der anderen Seite ist ein verzogenes Kind leicht zu erkennen. Wenn jeder Wunsch erfüllt wird, führt das zu übersteigerten Forderungen bis hin zur völligen Maßlosigkeit. Ein auf diese Weise verwöhntes Kind wird sich in Tränen und Wutanfälle flüchten, wenn es nicht bekommt, wonach es verlangt. Hat sich dieser Mechanismus erst etabliert, geben Eltern wieder und wieder nach.

Mit zu viel Liebe kann man ein Kind allerdings nicht verziehen. Das ist dann nämlich kein Verwöhnen, sondern Lieben und hat genau den gegenteiligen Effekt. Ein Kind, das sich geliebt fühlt, ist großzügig, liebevoll, herzlich und bereit zu teilen. Ganz anders als das verzogene, das sich unfreundlich, unsicher, finster, abweisend und fordernd gibt und um keinen Preis zu teilen bereit ist.

Großeltern kann es manchmal passieren, dass sie die Grenze zwischen Lieben und Verwöhnen überschreiten. Sollten Ihre Kinder strikt darauf achten, dass der Nachwuchs nicht verwöhnt wird, laufen Sie ernsthaft Gefahr, sich mit ihnen zu zerstreiten, insbesondere, wenn Sie versuchen, Ihr Verhalten geheim zu halten und die Enkel hinter dem Rücken Ihrer Eltern verwöhnen. Betrachten Sie das Ganze realistisch: Sie versuchen sich mit verbotenen Mitteln einzuschmeicheln und die Zuneigung Ihrer Enkel zu erkaufen. Ganz ehrlich: Es gibt keine sicherere Methode, seine Kinder gegen sich aufzubringen.

Ich bin zugegebenermaßen in manchen Dingen weniger streng als meine Kinder das von mir erwarten würden. Sie haben mir vorgeworfen, meinen Enkeln gegenüber zu nachgiebig zu sein, und manchmal bin ich das auch. Ich kann eben nicht anders. Manchmal, wenn meine Kinder dabei sind, plädiere ich dafür, dass sie es auch sind. Ich erinnere mich daran, dass meine Enkelin sich etwas sehr wünschte und ihre Eltern es ihr abschlugen. Sie begann zu weinen, doch man gab nicht nach. Ich wurde immer unruhiger. Da spielte sie ihre Trumpfkarte aus: »BITTE, darf ich ...« »Oh«, sagte ich, »erlaubt es ihr doch, weil sie Bitte sagt« (ein Wort, das ihr damals schwer zu entlocken war). »Nein«, war die schlichte Antwort. Und ich schwieg.

Gesundheit Wenn Sie bezüglich gesundheitlicher Probleme Ihrer Enkel nicht mit Ihren Kindern übereinstimmen, sollten Sie mit Ihrer Meinung nicht hinter dem Berg halten, wenn es sich um ernste Schwierigkeiten handelt. Ich würde sogar den Weg der positiven Intervention empfehlen. Es gibt eine Menge konstruktiver Dinge zu sagen oder zu tun, wenn ein Enkelkind magersüchtig ist, sich selbst verletzt oder Drogen nimmt. Solche Themen sind Familienangelegenheiten und lassen sich leichter bewältigen, wenn man sie teilt – solange Ihr Beitrag positiv formuliert ist und unterstützt. Großeltern sollten dafür plädieren, den Enkel einzubeziehen und das Gespräch suchen: »Wie können wir dir helfen?«, »Was sollen wir für dich tun?«, »Was bringt dich dazu, dich selbst zu verletzen/die Nahrung zu verweigern/Drogen zu nehmen?«, »Wer soll dir helfen?«

Sie können auch Vermittler zwischen Kind und Eltern sein. Ich würde immer denjenigen unterstützen, der die Hilfe am dringendsten braucht. Sie können wenig falsch machen, wenn Sie Ihr Enkelkind an erste Stelle setzen.

Miriams Kummerkasten

F Wie wird mein Sohn mit den Zicken meiner Enkelin fertig?

Meine 14-jährige Enkelin macht ihrem alleinerziehenden Vater das Leben schwer. Sie ist seit fünf Jahren bei ihm und hat auf eigenen Wunsch keinen Kontakt zu ihrer Mutter. Sie ist frech, lügt und sorgt für ungeheure Telefonrechnungen. Ihr Zimmer sieht aus wie ein Schweinestall und sie hat Schwierigkeiten in der Schule. Mein Sohn hat versucht, ihr alles zu geben, aber sie schmeißt ihm alles an den Kopf und hält ihn als Vater offenbar für einen Versager. Seine Freundin ist mit ihrer Geduld am Ende und die Beziehung ist belastet. Seine Tochter scheint eifersüchtig auf die Freundin zu sein und tut alles, um sie zu kränken. Ich habe meinem Sohn geraten, er müsse ein Machtwort sprechen. Finden Sie das auch?

A Sie braucht Unterstützung statt Tadel

Nein, das finde ich nicht. Willkommen in der Welt des typischen Teenagers. Eltern überall auf der Welt würden Mitleid für Ihren Sohn empfinden, während sie selbst knietief durchs Chaos waten, das ihre Teenies hinterlassen. Über ihr Zimmer zu meckern, dürfte allerdings kaum fruchten. Am besten macht man da die Tür zu und ignoriert das Ganze.

Der Vater wird sie kaum zu einer Haushaltsfee verwandeln. Aber wenn er sie um Vorschläge bittet, wie sich gemeinsame Räume sauber halten lassen, zeigt sie sich vielleicht koopera-

tiv. Beginnen Sie mit kleinen Schritten und erwarten Sie keine Wunder. Man kann ein Kind nie genug loben und ich vermute, sie braucht die Bestätigung, geliebt zu sein. Schenken Sie dem guten Benehmen mehr Beachtung als dem schlechten. Ein Teenager, dem man zu verstehen gibt, er oder sie sei faul, wird ablehnend reagieren. Und egal, wie schrecklich sich ein Elternteil benommen hat, kostet es ein Kind sehr viel, den Kontakt abzubrechen. Selbst wenn sie es niemals zugeben würde, muss ihre Enkelin es vermissen, zwei Elternteile zu haben. Wahrscheinlich leidet sie sehr. Trotz allem ist sie immer noch ein Kind, mit allen Einschränkungen und fehlenden Erfahrungen.

Kann man ihr einen Vorwurf machen, wenn sie auf ihre künftige Stiefmutter eifersüchtig ist, wenn sie verzweifelt um die Aufmerksamkeit ihres Vaters kämpft? Es ist ja schon schwer genug, die Herausforderungen des Erwachsenwerdens zu meistern. In materieller Hinsicht mag er ihr jeden Wunsch erfüllen, aber wie viel Aufmerksamkeit bekommt sie? Die Suche nach gemeinsamen Interessen könnte helfen. Telefon-Hotlines diverser Beratungsstellen wären auch eine Überlegung wert.

Verlieren Sie nicht den Glauben an Ihre Enkeltochter. Auch wenn sie nicht perfekt ist, braucht sie die Gewissheit, dass Sie ihr zur Seite stehen. Und anstatt Ihren Sohn anzustacheln, ihr die Leviten zu lesen, könnten Sie eine sehr wichtige Rolle spielen, indem Sie Ihrer Enkelin helfen, mit ihrem großen Kummer fertig zu werden. Verabreden Sie sich doch mal zum Plaudern und Essen – und schenken Sie ihr ganz viel Liebe.

Mehrere Großelternpaare

Ich weiß aus eigener Erfahrung, wie es sich anfühlt, eine von mehreren Omas zu sein, und da zweite und dritte Ehen heutzutage keine Seltenheit mehr sind, steigt die Häufigkeit dieses Phänomens. Sind die Eltern des Paares noch am Leben, gibt es mindestens zwei Großelternpaare. Wenn sich die Eltern einem dieser Paare intensiver zuwenden, mehr Kontakt haben, sie häufiger sehen, ihnen einfach näherstehen, brechen Eifersüchteleien und Rivalitäten natürlich leicht aus.

Ein Großelternpaar mag finanziell besser gestellt sein und dadurch mehr für einen Hauskauf, für Urlaub oder Studiengeld beitragen können. Dann fühlen sich die anderen Großeltern vielleicht wie die armen Verwandten. Man könnte aber auch sehen, wie schön es für die Kinder ist, so großzügige Eltern zu haben, die ihnen einen Lebensstandard ermöglichen, den sie und Ihre Enkel sich sonst nicht leisten könnten. Sie vermögen Ihren Enkeln andere, mindestens ebenso wertvolle Geschenke zu machen: Zeit, Interesse, Unternehmungen, die wenig kosten, aber enorm Spaß bringen, Zuneigung, gezielte Aufmerksamkeit und einfache Spiele.

Hüten Sie sich vor Rivalitäten Es wäre schade, wenn das Verhältnis zwischen Ihnen und Ihren Kindern und Enkeln von Rivalität geprägt wäre. Ihre Kinder würden Ihren Standpunkt ohnehin nie verstehen und sich fragen, worüber Sie sich eigentlich aufregen.

In meiner eigenen Großfamilie lebt ein Großelternpaar in den USA und sieht Kind wie Enkelkind selten und dann nur kurz. Die beiden verhalten sich mehr als vorbildlich: Sie sind dankbar, weil wir für ihr Kind da sind und zur Verfügung stehen, wann immer seine Familie uns braucht.

Miriams Kummerkasten

F **Meine Tochter ist ständig mit ihren Schwiegereltern zusammen**

Es heißt doch, eine Tochter bleibt ihr Leben lang Tochter. In unserem Fall nicht. Meine Tochter hat letztes Jahr geheiratet und jetzt selbst eine Tochter, doch scheint sich nun ihr Leben ausschließlich um ihren Ehemann und dessen Familie zu drehen. Als würden ihr Vater und ich nicht mehr existieren – das ist verletzend. Wenn sie sich die Mühe macht, uns anzurufen, erzählt sie nur davon, was sie mit den anderen Großeltern unternommen hat. Ich hatte mich so drauf gefreut, Oma zu werden. Als ich mich bei ihr beklagte, warf sie mir vor, eifersüchtig zu sein!

A **Zeigen Sie Interesse**

Geben Sie es ruhig zu: Sie fühlen sich an den Rand gedrängt. Dabei hätten Sie allen Grund, stolz auf eine Tochter zu sein, die mit der Familie ihres Mannes blendend auskommt. Manchmal stellen die Schwiegereltern eine lebenslange Herausforderung dar, aber sie scheint es raus zu haben. Zeigen Sie dafür ein wenig mehr Interesse. Und: Machen Sie doch selbst auch mehr aus Ihrem Leben und suchen sich etwas Neues, von dem Sie ihr dann berichten können.

Geben Sie es ruhig zu – Sie sind ein wenig eifersüchtig

Miriams Kummerkasten

F Fühle ich mich zu Recht unerwünscht?

Meine Schwiegertochter ist das jüngste von sechs Geschwistern. Ihre Familie trifft sich zu jedem Anlass, sie sind ständig im Haus unseres Sohnes, während wir kaum eingeladen werden. Dabei würde es uns nie einfallen, uneingeladen aufzukreuzen. Mein Sohn ist Einzelkind, wie auch mein Mann und ich, weshalb keine Verwandten mehr leben. Ich bin verärgert und enttäuscht. Fühle ich mich zu Recht ausgeschlossen?

A Beharren Sie nicht auf Formalitäten – suchen Sie Kontakt

Ihre Schwiegerfamilie scheint aus spontanen Menschen zu bestehen, die beim geringsten Anlass eine Party schmeißen, während Sie Ihrem Naturell gemäß eher distanziert sind.

Sie stehen sich selbst im Weg, wenn Sie glauben, es bedürfe stets einer offiziellen Einladung. Ich bezweifle, dass man Sie absichtlich ausschließt; vielleicht wäre es gut, daran zu erinnern, dass Sie Party-Tiger der ruhigeren Sorte sind. Wenn Sie das Ganze lockerer angehen, werden Sie sich bald mittendrin statt am Rande des Geschehens wiederfinden. Rufen Sie an, bieten Sie sich als Babysitter an, fahren Sie das Kind spazieren, oder plaudern Sie einfach nur ein wenig.

Bieten Sie Ihre Hilfe an

Blutsbande Als mehrfache Stief-(Groß-)mutter glaube ich zu wissen, dass Blutsbande letztlich mehr zählen und Vorrang haben sollten. Alles andere wäre ja auch befremdlich. Als weise Großeltern sollten Sie auf Ihre Enkel vertrauen: Sie erkennen liebende Omas und Opas blind und verlangen auch nach ihnen. Wenn sie später alt genug sind, stimmen sie mit den Füßen ab und kommen von sich aus auf Besuch.

Überlastung

Seit vielen Jahren bekomme ich Briefe von Großeltern, die die Kinderbetreuung übernehmen, damit die Eltern, teilweise ganztags, arbeiten gehen und sich einen guten Lebensstandard finanzieren können. Vielen fällt es schwer, die Erwartungen ihrer Kinder zu erfüllen.

● Die meisten Großeltern möchten zwar ihren Kindern unter die Arme greifen, wünschen sich aber eigentlich, dass ihr Ruhestand nicht aus vielen Arbeitsstunden als bessere Babysitter besteht. So sehr sie ihre Enkel lieben, haben sie oft das Gefühl, ihre Hilfe würde als selbstverständlich angesehen.

Übrigens ...

Aktuell gibt es in meiner Heimat Großbritannien ca. 13,5 Millionen Großeltern. Laut Statistik leisten sie 60 Prozent der Kinderbetreuung, über 90 Prozent der Mütter lassen sich beim ersten Kind von Oma unterstützen. Offizielle Zahlen belegen, dass diese Art Kinderbetreuung der Volkswirtschaft jährlich bis zu 4 Milliarden Pfund spart.

● Dieser Eindruck wird noch verstärkt, wenn die Kinder ihre Mama für eine gute Seele halten, die diese Arbeit einfach aus Liebe und ohne Bezahlung macht.

Die meisten Großeltern haben keine Geldsorgen, aber die fehlende Anerkennung für ihre Leistung tut sehr weh und oft sehen diese Menschen keinen Ausweg – sie wollen weder ihren Kindern finanziell zur Last fallen noch sich selbst schaden.

Eltern sollten sich in jedem Fall hüten, zu viel von den Großeltern zu verlangen, weil das leicht zu einem großen Krach führt. Großeltern tun ihrerseits gut daran, sehr klar und konsequent zu vermitteln, wozu sie bereit sind und wozu nicht. Eine eventuelle Bezahlung gilt es fair auszuhandeln.

Paare sollten sich hüten,
Großeltern zu überfordern,
sonst droht der große Krach

Bevorzugung

Ich gebe offen zu, dass es nicht immer leicht ist, seine Aufmerksamkeit absolut gerecht aufzuteilen, selbst wenn man sich nach Kräften darum bemüht. Und es fällt besonders schwer, wenn Sie alle Register ziehen, um Kinder und Enkel gleich zu behandeln, während sich die anderen Großeltern nicht um Fairness kümmern. Das kann selbst zwischen Großeltern passieren: Oma bemüht sich, die Kinder ihres Sohns und ihrer Tochter möglichst gerecht zu behandeln, während

Miriams Kummerkasten

F **Meine Schwiegermutter zieht meinen Sohn vor**

Meine Schwiegermutter zieht meinen fünfjährigen Sohn oft auf Kosten unserer zweijährigen Tochter vor. Sie lobt permanent, was er Tolles gesagt oder geleistet hat, aber sie spricht selten nett von unserer Tochter. Ich weiß, dass diese mit zwei noch sehr klein ist, aber ich habe das Gefühl, sie merkt bereits, dass sie von ihrer Oma weniger Aufmerksamkeit bekommt. Ich habe meine beiden Kinder gleich lieb, aber für sie tut es mir leid.

A **Sie machen sich zu Recht Sorgen**

Sie fühlen sich zu Recht unbehaglich, denn alle Kinder sollten spüren, wie großartig sie sind und wie herrlich es ist, mit ihnen zusammen zu sein, gerade innerhalb der Familie. Vielleicht hat Ihr Sohn als Erstgeborener bei Ihrer Schwiegermutter einen Stein im Brett, vielleicht tut sie sich auch generell mit Mädchen schwerer. Sie sollte anfangen, sich wie eine Erwachsene zu benehmen, und damit aufhören, ihre Enkelin zu benachteiligen. Sonst verpasst sie ein ganz besonderes Mädchen und ihre Tochter wird unfair behandelt. Letztlich sind Sie als Eltern dafür verantwortlich, Ihre Tochter vor dieser Form emotionaler Vernachlässigung zu beschützen. Deshalb ist es unerlässlich, dass Sie Ihre Sorge über diese Bevorzugung zum Ausdruck bringen. Wenn sie darauf nicht eingeht, ist es Ihr gutes Recht, den Kontakt der Oma zu Ihren Kindern einzuschränken.

Miriams Kummerkasten

F Ein Schock fürs Leben!

Gerade habe ich den Schock meines Lebens bekommen! Meine Schwiegertochter hat mir gestanden, dass meine älteste Enkelin nicht die biologische Tochter meines Sohnes ist. Sie nahm mir das Versprechen ab, dieses Geheimnis für mich zu behalten, und ich habe es ihr gegeben. Die beiden haben zwei wunderbare Mädchen von 14 und 11 Jahren. Ich liebe sie beide von Herzen und habe ein besonders inniges Verhältnis zur älteren. Jetzt weiß ich nicht, was ich denken soll.

A Sie bleibt Ihre Enkelin

Kein Wunder, dass Sie unter Schock stehen. Ihre Schwiegertochter hat ein sehr schwerwiegendes Geheimnis gehütet und sie muss großes Vertrauen zu Ihnen haben, da Sie es mit Ihnen teilt. Diese Art von Familiengeheimnis ist nicht so selten. Sie wären überrascht, wie viele Menschen nicht die biologischen Kinder der Männer sind, die sie großziehen. Diese Neuigkeit muss aber die Beziehung zu Ihrer Enkelin nicht zerstören. Ihr besonderes Verhältnis ist bereits intensiver als alle Blutsbande. Sie wird Ihre Enkelin bleiben und Ihre Zuneigung zu ihr wird sich nicht ändern, sofern Sie das nicht wollen. Wovon ich überzeugt bin.

Opa kein Geheimnis daraus macht, dass er mit den Kindern seiner Tochter besser kann. Sei es, weil sie seine ersten Enkel waren, sei es weil es Mädchen sind und sie ihn deshalb besonders leicht um den Finger wickeln und sich stets gut benehmen. Daraus kann viel Unfrieden innerhalb der Familie entstehen. Opas Sohn könnte das als ärgerlich und frustrierend empfinden. Die Bevorzugung trifft nicht nur seine Kinder (drei Jungen), sondern gibt ihm auch selbst das Gefühl, zweitrangig zu sein. Er bekommt vielleicht den Eindruck, die Erwartungen seines Vaters nicht zu erfüllen. Das wird die Beziehungen in der Familie belasten, bis diese Sache aus der Welt ist.

Wohlgemerkt lässt sie sich vielleicht auch gar nicht regeln, und dann reißen Schuldzuweisungen nur alte Wunden auf. Deshalb ist es vielleicht an Oma, ihren Sohn dahingehend zu beeinflussen, dass es nichts bringt, Kraft darauf zu verschwenden, eifersüchtig auf die Kinder seiner Schwester zu sein. Besser sollte er sich auf seine eigene Familie konzentrieren und die Früchte ernten, die er dort gesät hat.

Entfremdung nach einer Scheidung

Unversehens können Großeltern zu Opfern einer komplizierten Trennung werden: Nämlich als die Eltern des entfremdeten Expartners, die den Zugang zu ihren Enkeln verlieren. Machen Sie sich bitte nichts vor, der Elternteil, der die Kinder behält, hat alles in der Hand, auch die Möglichkeit, den Kontakt zu Ihren Enkeln zu unterbinden.

Gerade bei erbittert ausgefochtenen Scheidungen tut derjenige, der die Kinder bekommt, oft alles erdenkliche, um die Familie des Expartners zu verletzen. Ohne Rücksicht auf die schmerzliche Trennung der Kinder von ihren Großeltern. Verbitterung kann Menschen zu gehässigen Aktionen anstiften, die zweifellos nicht im Interesse Ihrer

Enkel sind. Vielleicht haben Sie keinen Einfluss darauf, ein Arrangement auszuhandeln, um Ihre Enkel weiterhin zu sehen, wenn die gekränkte Seite Sie mit ihrem Expartner in eine Schublade steckt.

Sie können versuchen, an den jeweiligen Elternteil Ihrer Enkel zu appellieren, aber ich bekomme viele Briefe von Großeltern, die ihre Enkel oft seit Jahren nicht zu Gesicht bekommen haben und nicht mehr ein noch aus wissen. Sie können versuchen, die Kommunikation aufrechtzuerhalten, mit Briefen, Weihnachts- und Geburtstagskarten, Geschenken, kurzen Nachrichten, Anrufen, E-Mails und Fotos. Machen Sie sich regelmäßig bemerkbar und vertrauen Sie darauf, dass Ihre Enkel wissen, dass Sie zu ihnen stehen.

Geld

Es gibt wenige Themen, die stärkere und gegensätzlichere Positionen erzeugen als das Thema Geld. Nach einem arbeitsreichen Leben, in dem man den ein oder anderen Notgroschen gespart hat, fällt es schwer, einem verschwenderischen Kind und dessen Familie beizustehen.

Sie mögen ein spendabler Opa, eine großzügige Oma sein, der bzw. die so viel finanzielle Unterstützung gewährt wie möglich und dann mit ansehen muss, wie das Geld verplempert wird. Bestimmt möchten Sie Ihrem Nachwuchs dann am liebsten Vorhaltungen machen. Aber wie ich es auch schon an anderer Stelle erwähnt habe: Die Tatsache, dass Sie Ihrem Kind Geld schenken, bedeutet nicht, dass Sie darüber zu bestimmen haben, wie es ausgegeben wird. Sollte es Ihnen so wichtig sein, über die Verwendung Ihres Geschenks oder Darlehens zu bestimmen, dann haben Sie immer noch die Option, es gar nicht zu geben – was vielleicht sogar besser ist als eine Auseinandersetzung vom Zaun zu brechen.

Miriams Kummerkasten

F **Wie kann ich meine Schwiegereltern dazu bringen, dass sie uns besuchen?**

Wir sind eine Familie mit geringem Einkommen, leben vom Lohn meines Mannes und haben drei Kinder unter sechs Jahren. Die Eltern meines Mannes sind in den Fünfzigern und bei guter Gesundheit. Trotzdem erwarten Sie von uns, dass wir die einstündige Autofahrt mit den Kindern auf uns nehmen, um sie zu besuchen. Dabei geht es mir nicht um die Zeit – oft haben wir ganz einfach nicht das Geld, um das Auto vollzutanken. Wie können wir sie dazu bringen, dass sie die Mühe auf sich nehmen, um uns der Kinder willen zu besuchen?

A **Erzählen Sie ihnen die Wahrheit**

Ihre Schwiegereltern verhalten sich sehr gedankenlos. Es kostet sie nur geringe Mühe, ins Auto zu steigen und zu Ihnen zu kommen, während es für sie eine generalstabsmäßige Herausforderung ist, die Kleinen im Wagen bei Laune zu halten. Es ist an der Zeit, ihnen klarzumachen, dass es Ihnen an Zeit und Geld fehlt. Warum schreiben Sie nicht einen netten Brief, in dem Sie die Situation erklären? Schreiben Sie ehrlich über die Mühen, die es Sie kostet, immer den Besuch zu machen. Genieren Sie sich nicht, Ihnen zu erklären, wie sehr Sie manchmal zu kämpfen haben und wie sehr Sie sich darauf freuen, sie bei sich zu Hause willkommen zu heißen.

Sie können Zuwendungen jederzeit aussetzen, sollte sich ihr Kind nicht verantwortungsvoller zeigen. Aber was ist im Hinblick auf Ihre Enkel zu tun? Ist es ihr Verschulden, dass ihre Eltern nicht so gut mit Geld umgehen können? Was Sie sicher am wenigsten wollen ist doch, ihnen Schaden zuzufügen. Vielleicht schmerzt Sie diese Vorstellung so, dass Sie Ihr Kind entgegen Ihrer Überzeugung trotzdem weiterhin unterstützen.

Oder aber Ihre Kinder sind so gute Finanzmanager, dass Sie sehr behutsam vorgehen müssen, wenn Sie Ihre Hilfe überhaupt anbieten. In so einem Fall spreche ich gerne von einem Darlehen, das sie mir zurückzahlen können, wenn sie aus dem Gröbsten raus sind.

Tabuthemen

Religion Selbst innerhalb einer Familie kann das Thema Glaube die Gemüter erhitzen und Gräben aufreißen. Ich bin in einer jüdisch-orthodoxen Familie aufgewachsen, habe dem Judentum aber im Alter von 14 Jahren den Rücken gekehrt. Für ein Kind orthodoxer Eltern gibt es keine größere Sünde als einen Nicht-Juden zu heiraten. Ich habe mich für einen Quäker entschieden. Mein Vater hatte damals gemäß seinem Glauben keine andere Wahl, als sich zum Zeichen der Trauer die Kleider zu zerreißen, all meine Spuren in meinem Zuhause zu tilgen, mein Zimmer zu versperren und mich für tot zu erklären. In dieser Lage gab es keinen Spielraum für Kompromisse, und trotz meiner wöchentlichen Anrufe, in denen ich mich um eine Wiederannäherung bemühte, konnte mein Vater zwei Jahre lang nicht einmal zur Kenntnis nehmen, dass ich noch lebte. Es kostete ihn ein weiteres Jahr, sich einzugestehen, dass ich seine Tochter war.

Ich erzähle diese Geschichte nicht, um Anschuldigungen vorzubringen, sondern um darzustellen, dass es angesichts von religiösem Eifer oft keinerlei Verhandlungsspielraum gibt. Bei gemischt konfessionellen Ehen hat man kaum Chancen, dass auf das Angebot eingegangen wird. Mein Ehemann, also sein Schwiegersohn, existierte für meinen Vater ebenso wenig, und das war eine enorme Bürde für unsere Ehe. Das Benehmen meines Vaters mir gegenüber erschien mir bizarr und exzentrisch; hätte es sich gegen meine Kinder gerichtet, wäre es für mich unverzeihlich gewesen.

Ich führe dies nur als Beispiel an. Denn ich erhalte viele Briefe von Paaren unterschiedlicher Konfession, die ihre Eltern nicht dazu bringen können, ihren Partner zu akzeptieren. Als Mutter kann ich mir nicht vorstellen, des Glaubens wegen meine Kinder im Stich zu lassen oder die von ihnen gewählten Partner abzulehnen. Aber religiöse Überzeugungen sitzen tief und sind oft unverrückbar.

Selbst innerhalb der Familie können *religiöse Fragen* der Grund für Zerwürfnisse sein

Herkunft Ich erinnere mich, dass mein Vater in meiner Kindheit oft gesagt hat, er würde in einem Schwarzen seinen Bruder sehen, würde aber nicht wollen, dass er eine seiner Töchter heiratet. Mein Vater war zutiefst religiös und alle Argumente gegen diese rassistische Einstellung stießen bei ihm auf taube Ohren.

Meine Mutter war da anders. Sie erzählte mir einmal von einer Tanzveranstaltung, die sie als junge Frau besucht hatte. Ein Mann mit schwarzer Hautfarbe war neben der Tanzfläche gestanden und hatte von jedem weißen Mädchen, das er aufforderte, einen Korb bekommen. Meine Mutter, die dieses Benehmen unerhört fand, ging zu ihm und forderte ihn auf. Er erwies sich als sehr guter Tänzer und so vertanzten sie den ganzen restlichen Abend. Ihr war es um seine Fähigkeiten beim Quickstep gegangen, nicht um seine Hautfarbe.

Später wurden meine Eltern auf die Probe gestellt, als meine jüngere Schwester einen Afroamerikaner heiratete und damit alle alten Fragen über gemischtrassige Ehen wieder auf den Tisch brachte, die nichts und niemanden weiterbrachten. Meine Schwester hatte ein schweres Stück Arbeit vor sich und meisterte es mit Bravour.

Die häufigsten Probleme, die mir heutzutage in Leserbriefen geschildert werden, betreffen christlich-muslimische Paare. Es scheint, dass sich die Eltern auf beiden Seiten oft weigern, zu ihren Kindern und deren Entscheidung zu stehen. In dieser und vielen anderen kniffligen Fragen haben Kinder das Recht, ihr eigenes Leben zu leben. Unsere Rolle als Eltern besteht lediglich darin, sie zu unterstützen und für sie da zu sein, wenn etwas schiefläuft. Alles andere ist sinnlos. Ihr Kind oder Enkel wird eh tun, was er oder sie für richtig hält. Außerdem: Möchten Sie ihnen so in Erinnerung bleiben?

Unsere Aufgabe ist es, den Kindern und Enkeln **zur Seite zu stehen,** *wenn etwas schiefgeht*

Politik Bei Fragen zur Politik können die Gemüter ebenso schnell erhitzt sein wie bei den Themen Religion oder Hautfarbe. Politische Überzeugungen sagen einiges über uns aus und viele Leute halten unerschütterlich und manchmal wider jeglicher Vernunft an ihren Ansichten fest. Ich erinnere mich da an einen Ausspruch meines Großvaters; er war Bergmann im Kohlerevier Durham (Nordost-England) und einer sehr aktiven Gewerkschaft angeschlossen. Diese stellte er über alles, selbst über seine Familie. Er soll gesagt haben: »Es ist leicht, zur Gewerkschaft zu stehen, wenn man weiß, dass sie recht hat, aber es ist schwer, wenn man weiß, dass sie sich irrt.«

Derart starke politische Überzeugungen vertragen keine Kritik und bergen gefährliches Konfliktpotenzial. Politische Auseinandersetzungen können eine Familie durchaus zerstören. Ich finde: »Vorsicht ist besser als Nachsicht« – politische Themen kann man umgehen. Auseinandersetzungen hinterlassen Spuren, wenn nicht sogar offene Wunden; seine Meinung für sich zu behalten ist eine kluge Strategie.

Schule & Ausbildung Alle Eltern wünschen sich die beste Erziehung für ihre Kinder. Gerade Politiker predigen von den Vorzügen der staatlichen Schule und schicken die eigenen Kinder auf Privatschulen – also kann man keinem einen Vorwurf machen, der das Gleiche tut. Vielleicht halten Sie viel vom staatlichen Bildungswesen und fühlen sich düpiert, wenn Ihre Kinder es für Ihre Enkel umschiffen wollen. Oder aber Sie machen sich Sorgen, Ihr Enkel könnte in einer öffentlichen Einrichtung nicht genug gefördert werden. Eventuell schlagen Sie sogar vor, selbst die private Ausbildung zu finanzieren. Wenn Ihr Kind vom staatlichen Bildungssystem überzeugt ist, würde es das jedoch nur kränken. Also halten Sie sich aus diesem Themen am besten heraus.

Sex Selbst innerhalb einer Partnerschaft liegen die sexuellen Vorlieben oft weit auseinander, also wäre es erst recht zu viel erwartet, davon auszugehen, dass Ihre Ansichten zu diesem Thema sich mit denen Ihrer Kinder oder Enkel decken. Der Abstand zur Generation Ihrer Enkel kann himmelweit sein, also sollte man nicht unbedingt mit Übereinstimmung rechnen. Vermutlich erwarten Ihre Kinder und Enkel sogar eine puritanische Einstellung von Ihnen und rechnen Sie zur »Sag einfach nein«-Fraktion. Also haben Sie die Chance, sie mit Lockerheit und konstruktiven Vorschlägen zu überraschen. Niemand, der Sex haben will, wird sich davon abhalten lassen. Aber mit einer zurückhaltenden, sachlichen Herangehensweise kann man einen Jugendlichen zumindest in eine Richtung lenken, in der ihm die meisten Enttäuschungen erspart bleiben.

Wenn Sie aufgeschlossen und vernünftig auftreten, kann es sein, dass ein Enkelkind mit solchen Sorgen eher zu Ihnen kommt als zu seinen Eltern. Möglicherweise schlüpfen Sie sogar in die Vermittlerrolle. Für die ist übrigens kein anderer besser geeignet und Sie dürfen es als großes Kompliment auffassen, wenn Ihr Enkelkind bei Ihnen Rat und Hilfe sucht. In dieser Situation gibt es auch nur eine Devise, und die lautet: Klare Orientierung geben, selbst wenn Sie damit eine Auseinandersetzung mit den Eltern riskieren.

Mode Da sich Mode schneller ändert als das Wetter, wären Sie schon sehr außergewöhnlich, wenn das, was Ihre Enkel tragen, auch Ihrem Geschmack entspräche. Es ist schwer, sich in die Denkweise der Teenagers hineinzuversetzen – wonach es genau dieses Paar Schuhe oder jene Jeans sein muss. Was Ihnen als Extravaganz erscheint, ist ihm oder ihr so wichtig wie das täglich Brot – beziehungsweise wichtiger.

Miriams Kummerkasten

F **Was ist mit ihren Werten?**

Ich bin achtzig Jahre alt und habe den Eindruck, dass die meisten Menschen heutzutage keinerlei Werte mehr kennen. Traurigerweise ist mein 24-jähriger Enkel einer von ihnen. Obwohl ich immer eine Schwäche für ihn hatte, stieß er in meinen Augen mich und den Rest der Familie vor den Kopf, als er seine Freundin schwängerte. Selbst jetzt, wo das Baby bereits auf der Welt ist, hört man nichts von Heiratsplänen. Mir fällt es schwer zu akzeptieren, dass es den beiden egal zu sein scheint, dass ihre Tochter kein legitimes Kind ist.

A **Versuchen Sie das Familienmitglied anzunehmen**

Jedes Kind ist legitim und zum Glück gilt bei uns heute Unehelichkeit nicht mehr als Stigma. Ich verstehe, dass Sie sich schwer damit abfinden können, dass das Familienbild Ihrer Jugend heute praktisch nicht mehr existiert, und dass Familien in den unterschiedlichsten Formen und Größen daherkommen. Aber das nimmt ihnen nichts von ihrer Authentizität. Das Wichtigste ist sicherlich, dass sich Ihre Urenkelin von beiden Eltern geliebt und gewollt fühlt, nicht dass in irgendeiner Schublade eine Heiratsurkunde liegt. Bitte lassen Sie nicht zu, dass etwas, das dieses junge Paar getan oder unterlassen hat, die Beziehung zwischen Ihnen und dem neuen Familienmitglied belastet.

Es hilft, wenn Sie hinter die Klamotten oder die seltsame Frisur blicken. Ich erinnere mich, wie mein Sohn auf eine Punkfrisur bestand. Ich bot ihm an, einen Termin bei meinem Friseur zu vereinbaren. Dazu war er gerne bereit, und so bekam er einen blondierten Irokesenschnitt. Sein Vater war entsetzt, aber ich war nicht gewillt gewesen, mich wegen einer Frisur mit meinem Sohn zu zanken. Außerdem bewunderte ich seinen Mut. Und der Irokese war nicht lange aktuell.

Meiner Ansicht nach ist es ein Grund zum Feiern, wenn Ihre Kinder und Enkel so aufgeschlossen und lebenslustig sind, dass sie mit Kleidern, Frisuren, Schmuck oder Piercings experimentieren. Aus dieser Perspektive haben Sie eigentlich keinen Anlass mehr für Kritik.

Freundschaften   Ich glaube, es gibt keine Eltern und Großeltern, die nicht schon einmal Freunde ihrer Kinder oder Enkel als Fehlgriff abstempelten. Doch Freundschaften reichen oft tief, und Ihr Kind oder Enkel wird Kritik an seinem Freundeskreis sehr persönlich nehmen. Wie wäre es mit: »Meinst du, wir könnten etwas zusammen unternehmen, damit ich deinen Freund besser kennenlerne?«

Wunden heilen

Hier ein paar von mir erprobte Methoden.

Geben Sie nach   Zögern Sie nie, sich zu entschuldigen: Eine Entschuldigung legt sich wie Öl auf unruhiges Wasser. Warum sollten Sie dieses Geschenk nicht den Menschen gönnen, die Ihnen am meisten am Herzen liegen? Damit spielen Sie nebenbei auch ein gutes Vorbild. Nutzen Sie die Chance zu einem »Dumme Oma, da habe ich einen Fehler gemacht.« - Sie werden es zurückbekommen.

Beißen Sie sich auf die Zunge Hüten Sie sich vor kritischen Kommentaren! Falls Ihnen doch etwas herausrutscht, werden Sie in enttäuschte oder wütende Gesichter blicken und sich wünschen, die Uhr zurückstellen zu können. Und das nur wegen eines rhetorischen Treffers?

Legen Sie sich ein selektives Gedächtnis zu Vergessen Sie Dinge, die Sie beunruhigen und konzentrieren Sie sich auf das Positive – das ist eine lebenswichtige Methode. Erstens erlaubt Sie Ihnen, bei Schwierigkeiten Haltung zu bewahren. Zweitens können Sie stolz auf Ihre erwachsene Einstellung sein. Und drittens erleben Ihre Kinder faire, gerechte und liebevolle Eltern.

Tun Sie den ersten Schritt Je älter wir werden, desto mehr wachsen wir in die Rolle des Friedensstifters hinein. Unseren Kindern fällt es oft schwer, über ihren Schatten zu springen. Uns fällt es zwar auch schwer, aber weil wir eine längerfristige Perspektive haben, kostet es uns weniger Überwindung. Und: Wir müssen keinem etwas beweisen.

Lernen Sie wegzusehen Übersehen Sie Dinge, die Sie ärgern. Lernen Sie lieber daraus, anstatt an Vergeltung zu denken. Nach dem Motto: »Lieber rechtzeitig erkennen, als ins Fettnäpfchen treten.«

Seien Sie ein versöhnender Vermittler Warum sollten Sie als Gegner auftreten wollen, wo Sie doch große Zuneigung zu Kindern und Enkeln empfinden? Sie sollen das System von Geben und Nehmen in Harmonie halten. Dabei kommt Ihnen meist die Rolle des Gebenden, Ihren Kindern die des Nehmenden zu. Was soll daran falsch sein?

5 Aktivitäten mit Enkelkindern

Vielleicht machen Sie sich Sorgen, Unternehmungen mit Ihren Enkeln könnten mehr Flexibilität und Kondition von Ihnen verlangen, als Sie aufbringen können. Das mag sogar sein. Allerdings ist eine der vergnüglichsten und wichtigsten Aktivitäten das einfache Vorlesen von Büchern.

Meine Theorie ist: Kein Kind ist zu klein, um mit Büchern in Berührung zu kommen. In praktischer Hinsicht bedeutet das: etwa ab dem 2. Monat, sobald es dem Baby eben gelingt, etwas mit den Augen zu fokussieren. Die Zeit der Aufmerksamkeit ist dann zwar noch relativ kurz, aber Bilder ansehen und ein Buch anfassen, das finden selbst so kleine Babys schon großartig. Besonders gut funktioniert es, wenn Sie voller Begeisterung die Seiten umblättern und die Bilder gemeinsam betrachten. Oder beobachten Sie Ihr Baby doch mal dabei, mit welcher Freude es die raschelnden Seiten einer Zeitschrift umblättert.

Zusammen lesen

Das Vorlesen ist für die besondere Beziehung zwischen Großeltern und Enkelkindern ausgesprochen nützlich: Man kuschelt sich aneinander und sitzt auf Omas oder Opas Schoß; man hat mit dem Buch ein Objekt des gemeinsamen Interesses; Sie können über jede Seite, jede Wendung der Geschichte plaudern; manche Bücher haben Klappen oder Elemente zum Herausziehen, die sich gemeinsam entdecken lassen; Sie können die Fortschritte Ihres Enkels, Ihrer Enkelin deutlich erkennen; es bieten sich unendliche viele Möglichkeiten, mit Hilfe eines Buches neue Wörter und Zusammenhänge kennenzulernen. Sie genießen eine wunderbare Zweisamkeit. Und all das lässt sich mit jedem beliebigen Kinderbuch erreichen.

Bücher über Großeltern   Vielleicht möchten Sie zusammen Geschichten lesen, die von Großeltern handeln. Obwohl so viele Großeltern einen Großteil der Kinderbetreuung übernehmen, gibt es verhältnismäßig wenig Kinderliteratur zu diesem Thema. Hier ein paar Vorschläge.

Für Kinder über neun Jahre gibt es die magische Ururgroßmutter von Prinzessin Irene in George Macdonalds schöner Novelle *Die Prinzessin und der Kobold* und *Die Prinzessin und Curdie*.

Die Omas in Roald Dahls *Hexen hexen* und in Lucy M. Bostons *Die Kinder von Green Knowe* sind Großeltern, wie wir sie wohl alle gern wären – entschlossen, aber ausgesprochen liebevoll.

Die Themen Tod und Trauer lassen sich häufig besser und treffender mit Bildern als mit Worten ausdrücken, etwa in Harry Horses Klassiker *Post aus dem Land der weißen Bären*. Es handelt von einem abenteuerlustigen Großvater, der zum Nordpol reist. Im Verlauf der Reise schickt er Briefe an sein Enkelkind, die einen sanften, schritt-

Noch mehr Lieblingsbücher

- *Meine Oma fährt im Hühnerstall Motorrad* (ab 3 J.) von Bettina Nutz. Ein Spielbilderbuch.

- *Märchen von weisen Frauen* (ab 4 J.) nacherzählt von Burleigh Mutén. Phantasievolle Mächen und zauberhafte Illustrationen.

- *Oma, schreit der Frieder* (ab 5 J.) von Gudrun Mebs. Ein Sechsjähriger und seine Oma.

- *Liebe Oma, deine Susi!* und *Liebe Susi, lieber Paul!* (ab 8 J.) von Christine Nöstlinger. Ein Buch rund ums Briefeschreiben.

weisen Abschied bedeuten. Denn bedenken Sie – sofern Sie eine wichtige Rolle im Leben Ihrer Enkel spielen, wird die Ihr Tod ungeheuer treffen. Solche Bücher bereiten auf einfühlsame Weise darauf vor.

Sobald Ihre Enkel etwas größer sind, können Sie Bücher auf andere Art miteinander teilen – Sie lesen sie jeder für sich und unterhalten sich dann darüber. Im Kasten auf dieser Seite finden Sie ein paar Vorschläge dazu. Es gibt viele Titel, die sich nicht exakt den Kategorien Kinder- oder Erwachsenenliteratur zuordnen lassen. Lewis Carrol war meines Erachtens mit *Alice im Wunderland* der erste Autor dieses Genres. Dann sind da noch die Werke von Tolkien, C. S. Lewis und natürlich *Harry Potter*, sowie die Trilogie *Das magische Messer, Der Goldene Kompass* und *Das Bernstein-Teleskop* von Philip Pullman.

Bücher zum Diskutieren

Hier einige Bücher, in die Sie vielleicht gerne einmal hineinschnuppern und dann zusammen mit Ihrem Enkel darüber sprechen wollen:

- *Der Junge im gestreiften Pyjama* von John Boyne.

- *Als Oma das Papier noch bügelte* von Willi Fährmann.

- *Der geheime Schlüssel zum Universum* von Stephen Hawking.

Draußen & Unterwegs

Mit einem sehr kleinen Baby lohnt es sich einfach nicht, aufwändige Ausflüge zu unternehmen, bei denen Sie weit laufen, schwer tragen oder oft die Verkehrsmittel wechseln müssen. Machen Sie es sich leichter. Vielleicht begleitet Sie eine Freundin, ein Freund oder Ihr Partner, dann ist ein zweites Paar Hände zur Stelle und Sie haben jemanden zur Seite, falls Sie Hilfe brauchen. Sofern Sie gut genug vorbereitet sind, kann Ihr Enkelkind Sie schon im Babyalter überallhin begleiten – sei es im Tragetuch, im Kinderwagen oder Autositz. Ich erinnere mich noch gut daran, wie ich mit meiner ersten Enkelin im Tragetuch mitten im Winter spazieren ging, als diese erst wenige Wochen alt war. Ich stapfte mit ihr durch die Straßen und sprach ununterbrochen zu ihr. Zwischendurch betrat ich den einen oder anderen Laden, um uns beide aufzuwärmen. Die Passanten sahen dieser vor sich hin murmelnden älteren Frau kopfschüttelnd nach, aber meine Enkelin und ich taten etwas für unsere enge Bindung.

Sobald ein Kind abgestillt ist, müssen Sie immer daran denken, Essen mitzunehmen, wohin Sie auch gehen: ein Schüsselchen, Plastiklöffel, Lätzchen, Trinkbecher, Getränke und kleine Knabbereien. Sie können zwar auch direkt aus dem Gläschen füttern, aber in diesem Fall sollten Sie die Reste aus hygienischen Gründen wegwerfen.

Wenn Sie gut ausgerüstet sind, können Sie Ihr Enkelkind schon als kleines Baby fast **überallhin** *mitnehmen*

Bedenken Sie – *ein Baby ist umso leichter zu transportieren, je kleiner es ist*

Wickeln   Selbst wenn ein Kind normalerweise Stoffwindeln trägt, sollte man unterwegs auf Papierwindeln umsteigen. Sie sind für alle Beteiligten am praktischsten. Sie können ebenso auf dem Rücksitz wie im Kofferraum wickeln, sofern Sie das Kind auf eine Wickelunterlage oder ein Handtuch legen. Beschränken Sie sich bei Reisen auf das Nötigste. Unerlässlich sind Feuchttücher und ein Plastikbeutel für schmutzige Windeln.

Größere Exkursionen   Bei den ersten Ausflügen, die über einen Spaziergang mit dem Kinderwagen hinausgehen, machen Sie sich vielleicht Gedanken. Selbst als »alter Hase« sind Sie möglicherweise ein wenig nervös und gespannt darauf, wie das Kind reagieren wird. Versuchen Sie locker zu bleiben – sonst überträgt sich Ihre Unsicherheit. Und überhaupt - am leichtesten lässt sich ein Kind mitnehmen, solange es noch ganz klein ist. Nutzen Sie die Zeit, denn die Möglichkeiten mit Kleinkindern, die schon laufen können und permanent beaufsichtigt werden müssen, sind deutlich eingeschränkt und um vieles anstrengender. Seien Sie bei Ihren ersten Exkursionen auch nicht zu ehrgeizig – besuchen Sie einfach nur den nächsten Park oder ein Café. Überzeugen Sie sich schrittweise von Ihren Fähigkeiten, mit dem Baby außer Haus zu gehen. Wenn es dann so weit ist, meiden Sie Stoßzeiten, vor allem bei Bus- oder Zugfahrten.

Die Babytasche – verlassen Sie das Haus nie ohne!

Für den Säugling brauchen Sie:

Basisausrüstung zum Wickeln und Füttern, sowie Spielzeug

- Wickelunterlage
- Wegwerfwindeln
- Feuchttücher
- Wundschutzcreme
- Plastiktüten für schmutzige Windeln
- Flasche mit einer Milchmahlzeit, falls das Kind nicht gestillt wird, bzw. abgepumpte Muttermilch
- Mützchen und Jacke
- Lieblingsspielzeug

Für das ältere Baby brauchen Sie:

Essen, sowie alles Nötige zum Füttern und Wickeln:

- Wickelunterlage, Stoff- oder Papierwindeln
- Feuchttücher
- Wundschutzcreme
- Plastiktüten für schmutzige Windeln
- Babynahrung, Schüssel, Löffel
- Lätzchen
- Snacks, z. B. Obst oder Zwieback
- Verdünnten Fruchtsaft oder Wasser
- Sonnenhut oder Mütze
- Strickjacke oder Pullover
- Schnuller
- Lieblingsbücher und Spielsachen

Der Kinderwagen Ein solches Gefährt ist von Geburt an bis zum zweiten oder sogar dritten Lebensjahr ideal. Babys interessieren sich schon früh für ihre Umgebung. Verstellen Sie den Wagen deshalb – sobald es sitzen kann – so, dass das Kind immer einen guten Rundumblick hat. Jüngste Forschungen haben herausgefunden, dass Kinder, die mit dem Gesicht zur Person sitzt, die den Wagen schiebt, früher sprechen lernen. Ein Argument für Ihre Kaufentscheidung?

Sie sollten den Wagen in kürzester Zeit problemlos zusammenklappen und wieder aufstellen können. Das üben Sie am besten noch vor Ihrem ersten Ausflug zu Hause. Lassen Sie sich das von Ihren

Sicherheitstipps für Kinderwägen

- Beim Aufstellen des Kinderwagens darauf achten, dass er vollständig geöffnet und die Bremsen **festgestellt** sind.
- Setzen Sie Ihr Enkelkind nie ohne Brustgurt in den Wagen.
- Lassen Sie das Kind **niemals** unbeaufsichtigt im Wagen.
- Wenn es einschläft, bringen Sie die Rückenlehne in eine möglichst waagrechte Position.
- Hängen Sie keine Einkaufstaschen an den Griff. Sie könnten den Wagen aus dem Gleichgewicht bringen.
- Sobald Sie stehen bleiben, die **Bremse einlegen,** damit der Wagen nicht ungewollt davonrollt, sobald Sie die Hände wegnehmen.
- Versichern Sie sich, dass Bremsen, Fangriemen und Reifen in gutem Zustand sind.

Wenn Sie allein mit Ihrem Enkel verreisen, müssen Sie generalstabsmäßig planen

Kindern zeigen, bevor Sie hilflos allein dastehen. Wenn Sie das nicht draufhaben, werden sich beispielsweise in der Warteschlange die Leute vordrängen – was nur zusätzlich frustriert. Idealerweise sollten Sie das Gefährt mit einer Hand aufstellen und mit einem Fußtritt zusammenfalten können. Außerdem müssen Sie wissen, wie die Bremse funktioniert. Bedenken Sie vor allem, dass das auch mit dem zappelnden Kind auf dem Arm funktionieren muss.

Mit öffentlichen Verkehrsmitteln unterwegs Solange Sie mit Ihren Kindern und Enkeln reisen, können Sie ein willkommenes zusätzliches Paar Hände und Augen beisteuern. Natürlich nur, wenn man sich nicht zusätzlich auch um Sie kümmern muss. Wenn Sie allerdings allein mit Ihrem Enkelkind unterwegs sind, ist eine generalstabsmäßige Planung absolut anzuraten.

Öffentliche Verkehrsmittel können eine echte Herausforderung sein. Malen Sie sich einmal aus, wie Sie mit Kinderwagen, einem zappelnden Baby, der Babytasche, Ihrer Handtasche und einer Jacke gleichzeitig zurechtkommen. Dann nehmen Sie von dieser Variante vielleicht gleich Abstand. Für aufwändige Reisen empfiehlt es sich, immer jemanden dabeizuhaben. Meiden Sie Stoßzeiten und nehmen Sie ein sehr kleines Baby einfach ins Tragetuch. Für größere Babys empfehlen sich Rückenkraxen, weil Sie damit die Hände frei haben.

Reisetipps

Eine vorausschauende Planung ist das Geheimnis sorgenfreier Reisen in allen öffentlichen Verkehrsmitteln.

- Sofern Sie allein unterwegs sind, sollten Sie auch alles allein hinkriegen. Natürlich dürfen Sie auf Hilfsangebote hoffen, aber die Leute sind eben nicht immer so umsichtig, wie man sich das wünschen würde.
- Nehmen Sie sich reichlich Zeit, um zum Bahnhof oder Flughafen zu gelangen. So ersparen Sie sich die unnötige Sorge, Zug oder Flugzeug zu versäumen.
- Für Langstreckenflüge sollten Sie einen Platz mit Babyschale reservieren, in der das Kind während des Fluges schlafen kann.
- Ein Autositz (sofern fürs Flugzeug zugelassen) kann nützlich sein; nur müssen Sie dafür eventuell ein Extra-Ticket lösen.

Beginnen Sie rechtzeitig mit Ihrer Planung. Alles, was Sie brauchen, sollte vor Aufbruch bereitstehen, damit Sie genügend Zeit haben, zu kontrollieren, ob nichts vergessen wurde. Auch beim Aussteigen in Bus oder Bahn gilt: Machen Sie sich lange vor der Haltestelle bereit. Und zögern Sie nicht, Mitreisende um Hilfe zu bitten.

Ausflüge mit Enkelkindern

Kein Baby ist zu klein für Ausflüge. Im Gegenteil: Ein Säugling lässt sich sogar besonders problemlos fast überallhin mitnehmen. Sofern er sich schon umsehen kann, wird er den Tapetenwechsel genießen, selbst wenn er sonst noch nicht so viel aufnehmen kann.

Bei der Planung von Ausflügen mit größeren Kindern sollten Sie überlegen, was dem Wesen Ihres Enkels, Ihrer Enkelin am besten entspricht. Ein ruhigeres Kind mit einer relativ langen Konzentrationsspanne möchte Sie vielleicht in den Botanischen Garten oder auf einen Flohmarkt begleiten. Ein sehr aktives Kind dürfte im Zoo, auf einem Abenteuerspielplatz oder beim Rummel gut aufgehoben sein.

Babyfreundliche Aktivitäten

So vieles können Großeltern und Enkel gemeinsam unternehmen:

- Frühstückstreffen von Eltern-Kind-Gruppen.
- Musikangebote für Babys ab sechs Monaten.
- **Schwimmen** – sobald das Immunsystem des Kindes fit genug ist. Fragen Sie im nächsten Schwimmbad nach Babyschwimmgruppen. Dort wird man auch Großeltern willkommen heißen.
- Baby- und Kinderturnen ab sechs Monaten. Eine gute Möglichkeit, um die Beziehung zu vertiefen.
- Babymassage-Kurse. Sie intensivieren die Bindung zwischen Großeltern und Kind.

Volkshochschulen, Familienzentren und kirchliche Einrichtungen bieten eine breite Palette von Angeboten für Babys und Kleinkinder. Informieren Sie sich in der Nachbarschaft, im Bekanntenkreis, im Internet oder über das Telefonbuch.

Was auch immer Sie letztlich unternehmen – planen Sie stets unendlich viel Zeit für Zwischenstopps ein, weil irgendetwas die Aufmerksamkeit Ihres Enkelkindes geweckt hat. Packen Sie ausreichend Getränke und Essen ein. Aber brechen Sie niemals auf, wenn Sie oder das Kind nicht ganz fit sind. So ein Tag würde mit großer Wahrscheinlichkeit daneben gehen. Deshalb sagen Sie das Ganze lieber ab und verschieben Sie es auf einen günstigeren Zeitpunkt.

Einkaufen gehen Bevor Sie sich mit Ihrem Enkelkind auf große Einkaufstour begeben, erkundigen Sie sich am besten vorher nach den kinderfreundlichsten Läden in der Umgebung.

Die meisten Kaufhäuser sind entsprechend ausgerüstet. In Einkaufszentren auf mehreren Ebenen gibt es in der Regel außer Rolltreppen auch einen Lift.

● In Supermärkten sollten Sie immer einen Einkaufswagen benutzen und das Kind darin transportieren. Für Babys gibt es oft fix installierte Schalen mit Gurten zum Anschnallen. Und seien Sie vor allem jederzeit darauf gefasst, dass Kleinkinder, sobald sie greifen können, Artikel aus den Regalen fischen möchten.

● Einkaufen macht hungrig und in der Folge leicht knatschig. Beugen Sie mit einem Snack und etwas zu trinken vor. Oder Sie lassen das Kind sich etwas aussuchen, von dem es schon knabbern kann, bevor Sie es dann an der Kasse bezahlen.

● Wenn Sie etwas für sich besorgen wollen, können Sie ruhig die Möglichkeit der Kinderbetreuung in Läden oder Einkaufszentren nutzen.

So macht Einkaufen mit dem Baby Spaß

Nach folgenden Voraussetzungen sollten Sie suchen, wenn Sie mit Ihrem kleinen Enkelkind shoppen gehen möchten.

Parkplätze
Viele Läden haben spezielle Frauen-Parkplätze, die oft etwas großzügiger dimensioniert sind und nahe am Eingang liegen. Die dürfen Sie als Großeltern natürlich genauso nutzen.

Breitere Durchgänge
Gute Supermärkte haben mindestens zwei Kassen mit extra-breitem Durchgang, durch den jeder Kinderwagen durchpasst.

Babybetreuung
Spielmöglichkeiten mit professioneller Aufsicht gibt es in einigen größeren Läden. Allerdings müssen Sie für das Personal immer erreichbar sein.

Wickeln und Füttern
Auf den Toiletten größerer Geschäfte gibt es oft eine Wickelmöglichkeit. Auf Nachfrage zeigt man Ihnen sicher auch eine ruhige Ecke, wo Sie Ihr Enkelkind füttern können.

Einkaufen mit Enkelkind

Sobald Ihre Enkelin oder Ihr Enkel laufen kann, haben Sie sicher Sorge, sie oder ihn in der Menge zu verlieren. Deshalb hier ein paar Vorsichtsmaßnahmen.

- Benutzen Sie notfalls Brustgeschirr mit Leine oder eine Schlaufe ums Handgelenk, wenn der Ort sehr belebt ist.
- Ziehen Sie Ihrem Enkelkind etwas leuchtend Buntes an, damit Sie es überall gut erkennen können.
- Überlegen Sie sich eine Art Familien-Code als Signal für das Kind, zu Ihnen zurückzukommen. Mein Vater hatte einen besonderen Pfiff. Weil ich selbst nicht pfeifen kann, habe ich immer eine kleine Pfeife um den Hals hängen, mit der ich meinen Kindern und jetzt Enkel signalisieren kann, wo ich mich gerade aufhalte.
- Bei allen Einkaufstouren lässt sich etwas lernen. Bringen Sie Ihrem Enkelkind beispielsweise etwas über gesunde Ernährung bei – frisches Gemüse ist gesünder als aus der Dose.
- So früh wie möglich sollten Sie mit Ihrem Enkelkind üben, seinen Namen, seine Adresse und seine Telefonnummer zu sagen. Nur für den Fall, es geht doch einmal verloren .
- Schärfen Sie Ihren Enkeln ein, keinesfalls und niemals mit Fremden mitzugehen.
- Sorgen Sie dafür, dass Ihr Enkelkind sich seine Umgebung einprägt. Das funktioniert etwa, indem man bei jedem Ausflug auf Orientierungspunkte hinweist: »Hier kommt der Briefkasten an der Ecke, danach das blaue Tor und als Nächstes schon unser Haus.«

Sie können Einkaufstouren als Gelegenheit nutzen, mit Ihrem Enkelkind zu lernen: »Die Tomaten sind rot, diese Schachtel ist blau, das Etikett auf dem Glas gelb.« Jedes Kind wird Milch, Joghurt oder die Marmelade an der Verpackung wiedererkennen, die ihm vom Frühstückstisch her vertraut ist. Etwa ab 18 Monaten können Sie zu Ihrem Enkel sagen: »Zeigst du mir den Joghurt, den Mama immer kauft? Und sollen wir danach mal die Marmeladen suchen?« Man kann auch zum frühen Lesen animieren, indem man beispielsweise die Kakaodose, die es von zu Hause kennt, aus dem Regal nimmt und fragt: »Was steht da wohl drauf?« Die Antwort wird »Kakao« lauten, weil das Kind aus Erfahrung weiß, dass hier Kakao drin ist. Meine Kinder konnten als Allererstes die Lebensmittelverpackungen lesen.

Ist Ihr Enkelkind schon älter, kann es beim Gang zum Supermarkt auch etwas über das Einkaufen an sich lernen. Übers Auswählen und Entscheiden, vielleicht auch schon über den Wert von Geld und mit Sicherheit einiges über sozialverträgliches Benehmen. Etwa, dass man andere Leute vorbeilässt oder den Zugang zu einem Regal freigibt, auch wenn es einen selbst brennend interessiert.

Beim Einkaufen haben
Sie die Möglichkeit,
mit Ihren Enkeln zu lernen

Behalten Sie Ihr Enkelkind in Ihrer Nähe

Weil Babys immer gern nach allem greifen, was sie interessiert, sollten Sie möglichst in der Mitte zwischen den Regalen bleiben, um diese Versuchung gering zu halten. Eine Möglichkeit, für Unterhaltung zu sorgen, ist das Gespräch, bei dem Sie kommentieren, was Sie sehen und Fragen stellen. Schon kleine Kinder lieben es, in Kaufentscheidungen einbezogen zu werden; sie fühlen sich sehr wichtig und gebraucht, wenn man ihre Vorlieben berücksichtigt. Bei Artikeln, bei denen es Ihnen nicht auf die Marke ankommt, lassen Sie doch ruhig einmal das Kind auswählen. Wenn meine Enkel schon größer sind und mit dem Einkaufswagen herumfahren können, bitte ich sie, die von ihnen gewünschten Dinge selbst in den Wagen zu legen. Es macht ihnen großen Spaß zu sehen, wie sich unser Wagen füllt. An der Kasse kann man dann so manches wieder aussortieren, ohne dass die Kinder es merken.

Ein gute Ablenkung oder Unterhaltung ist es meiner Erfahrung nach auch, ein Kind gleich beim Betreten des Ladens zu fragen, ob es durstig oder hungrig ist. Kann man ihm sofort etwas zu trinken oder einen gesunden Snack anbieten, so ist es meist den gesamten Einkauf über gut beschäftigt. Wenn Sie ein relativ unberechenbares Kind als Einkaufsbegleitung haben, funktioniert es womöglich nur, wenn Sie es mit einer Leine am Handgelenk oder einem Brustgeschirr in Ihrer Nähe halten, damit es nicht verloren geht, falls es im Einkaufswagen nicht sitzen bleibt.

Ein Keinkind hilft Ihnen liebend gern
bei Kaufentscheidungen

Ausflüge mit dem Auto

Im Auto kann sich bei Kindern eine Menge Energie aufstauen. Schließlich lernen Sie mit großem Stolz dauernd neue körperliche Aktivitäten wie Hüpfen, Klettern, Rennen und tun sich daher schwer, auf so engem Raum stillzusitzen. Bei hohen Temperaturen, wenn kleine Kinder ohnehin schneller müde und weinerlich werden, verschärft sich das Problem noch.

Baby an Bord

In Ihrem eigenen Wagen oder im Auto Ihrer Kinder sollten folgende Dinge zur Standardausrüstung gehören, wenn man mit den Enkelkindern unterwegs ist:

- Ein altersgerechter Kindersitz mit Sicherheitsgurt
- Eine Sonnenblende
- Eine Tasche mit Windeln, Ersatzkleidung und Fütterutensilien (regelmäßig auffüllen!)
- Babyspielzeug
- Eine Decke
- Einige Lieblings-CDs oder Hörspiele
- Papiertücher
- Eventuell ein DVD-Player und ein paar altersgerechte DVDs für größere Kinder (oft ein wahrer Segen!)

Reise-Checkliste Für jede Art von Ausflug mit Ihren Enkelkindern ist die rechtzeitige Planung und Vorbereitung das A und O. Die folgenden Tipps machen es Ihnen allen ein wenig leichter:

● Versuchen Sie, frühmorgens oder am Abend zu fahren, wenn auf den Straßen weniger los ist.

● Packen Sie eine große Tasche mit Ersatzkleidung zum Wechseln ein. Nehmen Sie eventuelle Malheurs gelassen und ziehen Sie Ihr Enkelkind bereitwillig um.

● Befestigen Sie Besteck aus Sicherheitsgründen mit Klebeband in den Essensbehältern.

● Nehmen Sie eine weiche Jacke oder einen Pullover mit, den das Kind auch als Kopfkissen benutzen kann.

● Denken Sie an ein paar leere Tüten, in denen Sie Flaschen, Schachteln und sonstige Verpackungen entsorgen können.

● Packen Sie für klebrige Finger und Münder Feuchttücher ein.

Autositze gegen die Fahrtrichtung machen Autofahrten mit kleinen Babys leichter, allerdings muss der Sitz korrekt befestigt sein. Benutzen Sie eine solche Babyschale niemals auf einem Vordersitz, für den ein Airbag eingebaut ist – es sei denn, der Airbag lässt sich ausschalten. Sonst würde der sich aufblasende Airbag bei einem Unfall den Kindersitz treffen und dem Baby möglicherweise Schaden zufügen. Die korrekte Befestigung ist auch dann wichtig, wenn Ihr Enkel von einer Babyschale in einen Hartschalensitz umsteigt.

Die meisten Babys schlafen beim Autofahren leicht ein, ein hungriges Kind wird allerdings aufwachen und ungehalten sein. Wenn Sie zu zweit unterwegs sind, tun Sie gut daran, rasch nach einem Platz Ausschau zu halten, wo Sie parken und es in Ruhe füttern können. Das ist in jedem Fall besser als zu versuchen, mit einem schreienden Baby weiterzufahren, denn dann sind Sie beide in kürzester Zeit entnervt. Deponieren Sie einen Vorrat an Windeln, Feuchttüchern und Plastikbeuteln für Notfälle im Auto. Weil die Sonne Babys zu schaffen machen kann, ist eine abnehmbare Sonnenblende zum Schattenspenden unerlässlich.

Auch wenn Sie wie ich immer das Gefühl haben, lieber nachgiebig zu sein, sollten Sie im Auto Geschrei und Handgreiflichkeiten nicht tolerieren. Als Fahrer werden Sie extrem abgelenkt und gefährden damit alle Mitfahrer. Fällt Ihr Enkelkind während einer Autofahrt aus der Rolle, fahren Sie am besten, sobald es geht, rechts ran und versuchen, die Sache zu klären. Machen Sie deutlich, dass Sie erst weiterfahren werden, wenn es bereit ist, sich ordentlich zu benehmen.

Eine Autofahrt mit Enkelkind will *weit im Voraus* geplant und vorbereitet sein

Längere Reisen Die meisten Kinder werden ungeduldig, wenn sie länger als eineinhalb Stunden unterwegs sind. Kleinere Kinder besitzen noch kein Zeitgefühl, also werden Sie unentwegt fragen, wann man endlich ankommt oder wie weit es noch ist. Rastlosigkeit lässt sich mildern, wenn Sie etwa einmal pro Stunde fünf Minuten Pause machen, in der die Kinder kurz herumlaufen und überschüssige Energie loswerden, aufs Klo gehen und etwas trinken können.

Ihr Enkelkind wird sich irgendwann langweilen und Hunger bekommen, also sind gesunde Snacks wie Rosinen, Cornflakes oder Käsewürfel empfehlenswert. Nehmen Sie auch deutlich mehr Getränke mit als Sie zu brauchen glauben. Der Flüssigkeitsbedarf auf Reisen ist enorm. Kernlose Trauben sind ideal, weil sie Durst und Hunger zugleich stillen.

Spielzeug für unterwegs Sie brauchen Spielsachen, um Ihr Enkelkind unterwegs zu beschäftigen. Bücher sind weniger günstig, vor allem wenn ein Kind unter Reiseübelkeit leidet. Kaufen oder nähen Sie sich einen speziellen Überzug für die Rückseite des Vordersitzes mit vielen Taschen. Darin verstauen Sie Getränke, Snacks und Spielsachen. Außerdem kann man einzelne Dinge an Kleiderhaken o. Ä. binden, damit sie nicht unter den Sitz rutschen. Spiele mit Magnetteilen sind fürs Auto besonders praktisch. Auf manche Sachen können Sie auch Klettband kleben oder nähen, damit sie an Ort und Stelle bleiben.

Ich finde es immer am besten, mein Enkelkind selbst aussuchen zu lassen, was es mitnehmen will, und ihm auch die Verantwortung dafür zu überlassen, es tatsächlich einzupacken. CDs mit Kindermusik oder -geschichten oder ein DVD-Player dürften Ihnen mindestens eine halbe Stunde Ruhe gewähren. Spiele aus der Kategorie »Ich sehe was, was du nicht siehst« kommen eigentlich immer gut an, vor allem wenn Sie selbst mitspielen. Heben Sie sich immer ein besonderes Spielzeug auf, das bei Ärger oder Tränen zum Einsatz kommt.

Urlaubsreisen

Wenn Sie mit einem sehr kleinen Enkelkind verreisen oder Ihre Kinder begleiten, fühlen Sie sich vielleicht besser, wenn Sie, im Hinblick auf Hygiene und medizinische Versorgung, im Inland bleiben.

Tipps gegen Reiseübelkeit

Wenn Sie selbst an Reisekrankheit leiden oder Migräne, Ekzeme oder Allergien in Ihrer Familie vorkommen, dann hat eventuell Ihr Enkelkind auch damit zu kämpfen. Es gibt allerdings einige Möglichkeiten, den Beschwerden vorzubeugen.

- Fahren Sie nicht zu schnell und nehmen Sie Kurven möglichst behutsam.
- Das Kind sollte vorher nicht zu schwer oder fettig essen.
- Ein Medikament vom Kinderarzt gegen Reiseübelkeit können Sie dem Kind eine halbe Stunde vor Aufbruch geben.
- Übelkeit beim Autofahren steigert sich durch Angst und Aufregung – sorgen Sie deshalb gerade vor größeren Touren für eine ruhige Abreise.
- Lutschbonbons helfen, ohne dass sie das Auto vollkrümeln.
- Beschäftigen Sie Ihr Enkelkind nicht mit Lesen, da dies die Übelkeit in der Regel nur weiter fördert.
- Wenn Sie merken, dass Ihr Enkel auffallend blass oder ruhig wird, bieten Sie an, am nächsten Parkplatz stehen zu bleiben. Raten Sie ihm, bis dorthin die Augen zu schließen. Lassen Sie es aussteigen und seien Sie verständnisvoll, wenn es sich übergeben muss. Geben Sie ihm Zeit, sich zu erholen, bevor Sie Ihre Reise in sanfter Fahrweise fortsetzen.
- Ein großer Vorrat Feuchttücher ist immer hilfreich, um das Kind (und eventuell das Auto) zu säubern.
- Halten Sie etwas zu trinken bereit, damit Ihr Enkel den schlechten Geschmack im Mund loswerden kann.

Andererseits kann man mit Säuglingen, gerade wenn sie gestillt werden, sehr gut ins Ausland reisen; in diesem Fall sollten Sie auf umfassenden Krankenversicherungsschutz achten. Unabhängig vom Alter des Babys sind folgende Punkte wichtig:

- Fragen Sie nach, wo die nächste Kinderarztpraxis oder Klinik ist.
- Stellen Sie sicher, dass das Kinderbett am Urlaubsort den nötigen Sicherheitsstandards entspricht – Reiseveranstalter, Reisebüro oder Tourismusinformation sollten Ihnen da weiterhelfen können. Im Zweifelsfall nehmen Sie lieber ein eigenes Reisebett mit, so gehen Sie auf Nummer sicher.
- Achten Sie darauf, dass Ihr Kind ausreichend gegen Sonne geschützt ist: Benutzen Sie entsprechende Sonnenschutzmittel, schützende Kleidung und bleiben Sie wenn möglich stets im Schatten.

Glauben Sie niemals, Ihr Enkelkind sei zu jung zum Verreisen

Ein Kind ist nie zu jung zum Verreisen. Meine Mutter und mein Vater nahmen mich mit gerade mal sechs Wochen zum Campen mit und wir verbrachten zwei Wochen in einem Zelt am Meer. Als mein dritter Sohn zehn Wochen alt war, fuhren wir mit ihm nach Italien; während wir in Rom nach unserem verloren gegangenen Gepäck fahndeten, benahm er sich von uns allen am besten. Er trug es sogar mit Fassung, dass ich erst nach drei Tagen das richtige Milchpulver aufgetrieben hatte.

Bevor Sie allein mit Ihrem Enkel verreisen Ein Enkelkind allein oder zusammen mit Ihrem Partner mit in den Urlaub zu nehmen, ist ein ehrgeiziges Unterfangen. Denken Sie an die Pannen, als Sie mit Ihren eigenen Kindern verreist sind. Seitdem hat sich viel verändert. Es ist also ratsam, alle Eventualitäten abzuklären und gut zu planen.

Als meine vier Jungs noch klein waren, durften sie mit meinen Eltern alljährlich in den Urlaub fahren. Ich möchte mit meinen Enkelkindern das Gleiche tun. Ich habe vor, jeweils immer nur ein Kind mitzunehmen, so dass jedes meine volle Aufmerksamkeit genießen kann und wir viel Zeit in reiner Zweisamkeit verbringen. Ich denke, das tut gerade Kindern gut, die sich durch ein kleines Geschwister zurückgesetzt fühlen. Schnell sind Vertrauen, Sicherheit und Selbstwertgefühl wieder stark. Und es wächst eine Freundschaft fürs Leben.

Überzeugen Sie sich im Vorfeld von der Kinderfreundlichkeit Ihres Hotels. Gibt es Kinderbetreuung, Platz im Restaurant, wo Sie ein frühes Abendessen einnehmen können, eine Kinderkarte, Hochstühle, Babybettchen, ein Spielzimmer, Spielmöglichkeiten im Freien mit qualifizierter Animation? Es lohnt die Mühe allemal, solche Gegebenheiten vorher abzufragen, denn wenn Ihre Enkelkinder unzufrieden sind, werden auch Sie den Urlaub kaum genießen können.

Impfungen Holen Sie lange – mindestens sechs Monate – im Voraus Informationen bezüglich der nötigen Impfungen oder Immunisierungen für Sie und Ihre Enkel ein, denn diese Empfehlungen ändern sich ständig. Manche Impfungen benötigen eine lange Vorlaufzeit. Bei anderen, etwa Hepatitis, müssen zwischen den zwei Impfungen vier bis sechs Wochen vergehen. Erkundigen Sie sich darüber bei Ihrem Arzt oder Reisebüro. Manche Reiseveranstalter verfügen auch vor Ort über Impfärzte und notwendige Medikamenten.

Bitte einpacken!

Benutzen Sie folgende Checkliste, damit im Urlaub mit Enkelkind nichts Wichtiges vergessen wird:

- Reisepass und Impfpass
- Babytasche (siehe S. 119)
- Kinderwagen
- Thermosflasche für kühle Getränke
- Lieblingsspielsachen, Bücher und CDs
- DVD-Player und DVDs
- Sonnenhut, Badesachen und Wasserspielzeug
- Bügelfreie Kleidung mit UV-Schutz
- Viel Kleidung zum Wechseln
- Wasserfesten Sunblocker und After-Sun-Lotion
- Salbe bei Insektenstichen
- Insektenschutzmittel
- Antihistaminikum speziell für Kinder
- Paracetamol oder Ibuprofen für Kinder

Flugreisen Die meisten Fluglinien verfügen über einen besonderen Service für Kinder, sofern man rechtzeitig genug bucht. Sorgsame Planung ist hier unerlässlich, und wenn möglich sollten Sie nicht allein mit dem Kind reisen – vielleicht kann Ihr Partner oder ein anderes Familienmitglied Sie begleiten. Falls das nicht möglich ist, finden Sie heraus, ob es am Flughafen einen speziellen Transportservice für Reisende mit Kleinkindern gibt.

Die folgenden Punkte sollten Sie vor Reiseantritt bedenken:

● Packen Sie alle Reiseunterlagen in eine Extramappe und stecken Sie diese in eine leichte Schultertasche.

● Versuchen Sie den Flughafen so rechtzeitig zu erreichen, dass Ihnen lange Schlangen beim Einchecken erspart bleiben; nehmen Sie sich auch schon genügend Zeit für die Anreise zum Flughafen.

● Versehen Sie Ihr Gepäck mit unverwüstlichen Adressschildern.

● Packen Sie ein paar der Lieblingsspielsachen Ihres Enkelkindes ein.

● Gehen Sie mit dem Kind direkt vor dem Einsteigen auf die Toilette.

● Nehmen Sie einen leichten Buggy bis ans Flugzeug mit. Die Crew wird ihn für Sie verstauen und beim Aussteigen wieder aushändigen.

● Das Starten und Landen kann einem Kind Schmerzen verursachen, also halten Sie irgendeine Süßigkeit bereit, an der Ihr Enkel lutschen kann, um den Druck auf die Ohren auszugleichen.

● Nehmen Sie einen Lieblingssnack und ein Getränk mit an Bord.

Auf Sonnenschutz achten   Kinder können in kürzester Zeit einen gefährlichen Sonnenstich oder gar Hitzschlag erleiden. Am häufigsten passiert das, wenn der Nacken der heißen Sonne ausgesetzt ist. Setzen Sie deshalb, wenn Sie an ein sonniges Urlaubsziel reisen, die Haut Ihres Enkelkindes nie länger als in der Tabelle auf S. 139 angegeben der direkten Sonne aus. Auch wenn Ihnen die angegebenen Zeitspannen sehr kurz erscheinen, sollten Sie darauf bestehen, dass das Kind in der übrigen Zeit vor UV-Strahlen schützende Kleidung und Sonnenhut trägt. Sonnencreme ist bei allen Aktivitäten im Freien Pflicht – auch im Wasser und bei bewölktem Himmel.

Nach den ersten sechs Urlaubstagen können Sie den Aufenthalt in der Sonne auf mehrere Stunden erhöhen, sofern Ihr Enkel, Ihre Enkelin sich dabei wohlfühlt und die Haut keinerlei Sonnenbrand aufweist. Bedenken Sie auch, dass Kinder in heißem Klima viel mehr schwitzen als Erwachsene. Tragen Sie also immer ausreichend Wasser mit sich und lassen Sie Ihr Enkelkind so viel trinken, wie es möchte.

Sonnenschutz-Tipps Kinderhaut besitzt noch nicht so viele Pigmente und ist deshalb gegen UV-Strahlen weniger gut geschützt. Direkte Sonneneinstrahlung kann die Haut schädigen und später zu Hautkrebs führen. So schützen Sie Ihr Enkelkind davor:

● Benutzen Sie zusätzlich zum Schutz durch Kleidung und Aufenthalt im Schatten ein Sonnenschutzmittel mit einem Schutzfaktor von mindestens 25. Tragen Sie das etwa zwanzig Minuten bevor Sie nach draußen gehen auf Gesicht, Hals, Ohren, Handrücken und Füße auf.

● Bei sehr hohen Temperaturen sollten Sie sich zwischen 11 und 16 Uhr nicht in der Sonne aufhalten. Das gilt selbst an bewölkten Tagen.

● Sorgen Sie für einen breitkrempigen Hut und schützende Kleidung.

● Kinderwagen oder Buggy sollte ein schützendes Dach haben.

● Beim Spielen in der Sonne auf Sonnenhut, T-Shirt und Shorts aus UV-Schutz-Material und ausreichend Sonnenschutzmittel achten.

Opas gefragt! Aufgrund ihrer kräftigeren Konstitution tragen Opas ihre Enkelkinder vielleicht bei Ausflügen ganz gern im Tragetuch oder in einer Rückenkraxe. Alle meine Enkelkinder haben es geliebt, auf Großvaters Rücken getragen zu werden und die Welt wie ein Star von oben zu betrachten. Bedenken Sie:

● Eine Rückentrage ist für ein älteres Baby praktischer als ein Buggy, wenn Sie sehr mobil sein wollen.

● Das Kind hat beste Aussicht auf alles, was rundherum passiert.

● Achten Sie beim Kauf einer Kraxe auf ein Fach, um Feuchttücher, Getränke, Snacks usw. einpacken zu können.

Sicher in die Sonne

Es gibt alle möglichen Arten Sonnenschutzmittel. Benutzen
Sie eines, das mit einem Faktor von mindestens 25 vor UVA-
und UVB-Strahlen schützt. Der Schutzfaktor bedeutet, um wie
viel sich die Zeit verlängert, die Sie ohne Sonnencreme in der
Sonne bleiben könnten, ohne einen Sonnenbrand davonzutra-
gen. Das heißt, wenn ein Kind normalerweise nach zehn Minuten einen Sonnenbrand bekäme, wäre es mit einem Schutzfaktor 10 etwa 100 Minuten dagegen geschützt.

Viele Sonnenschutzmittel nennen sich wasserfest, doch wenn
Ihr Enkelkind mehrfach ins Wasser geht – egal, ob im Meer
oder im Pool –, sollten Sie den Sonnenschutz ca. alle 30 Minuten erneuern. Ansonsten genügt es, etwa alle zwei Stunden
nachzucremen.

Aufenthalt in der Sonne

Erlauben Sie Ihrem Enkelkind anfangs nur ganz kurz, sich
direkter Sonne auszusetzen, und steigern Sie die Zeiten
schrittweise.

1. Tag	5 Minuten
2. Tag	10 Minuten
3. Tag	15–20 Minuten
4. Tag	20–30 Minuten
5. Tag	45 Minuten
6. Tag	60 Minuten

6 Wie Großeltern fit bleiben

Es ist jede Mühe wert, sich ein Leben lang fit zu halten. Großeltern erhalten sogar einen Sonderbonus, wenn sie bei den Aktivitäten der jungen Familie mithalten können. Für den Umgang mit Ihren Enkeln dürfte Ihr Alter keinerlei Hindernis darstellen. Doch die Erwartungen an Ihre körperliche Fitness sind beträchtlich. Um denen gerecht zu werden, sollten Sie möglichst lange vital und gelenkig bleiben.

Vor ein paar Tagen ermunterte mich meine zwei Jahre alte Enkelin. »Komm doch unter meinen Regenschirm, Oma«, und sie erwartete von mir, dass ich mal kurz in die Knie ging und mich bückte, um auf Augenhöhe mit ihr zu sein. Sie sollten also fit bleiben, damit Sie mit Ihren Enkelkindern spielen können. Das heißt natürlich nicht, dass Sie einen Halbmarathon oder einen Zehntausend-Meter-Lauf hinlegen können müssen, doch brauchen Sie so viel Kraft und Ausdauer, dass Sie mindestens drei Stunden lang wandern oder im Garten spielen können, oder sich mühelos auf dem Fußboden niederlassen, um einen Bauernhof aufzubauen oder den Kaffeetisch für die Puppen zu decken. Wenn Ihre Enkelkinder heranwachsen, sollten Sie es noch schaffen, einen Angelausflug oder eine Bergwanderung mitzumachen oder im Schwimmbad mit ihnen herumzutollen.

Sie sollten so **fit bleiben,**

dass Sie mit Ihren Enkelkindern

spielen und Spaß haben können

Die Steh-auf-und-komm-Großeltern

Dass Sie auf Ihre Ernährung und auf regelmäßiges körperliches Training achten, ist sicher kein zu hoher Preis für den Steh-auf-Opa und die Komm-mit-Oma. Auch wenn das nach ziemlich viel Anstrengung klingt, so winkt Ihnen doch ein schöner Preis für diese Mühe: Wochenenden und Ferien, in denen Sie mühelos mit den Kindern Schritt halten, gemeinsamen Hobbys nachgehen, und auch bei Sportarten wie Skifahren oder Reiten mal mitmachen können. Das bewahrt Sie sicher noch lange vor allerlei Wehwehchen und Krankheiten.

Sicher, man braucht dazu Entschlossenheit und Hingabe, aber darin sind Sie ja eh Experte. Sie wollen doch nicht nur zu Hause sitzen und gebrechlich werden, oder? Und allein sein möchten Sie schon gar nicht. Sie werden immer Gesellschaft haben, wenn Sie offen für die Interessen und Wünsche Ihrer Enkelkinder sind.

Warum wir Körpertraining brauchen

Ihre Enkelkinder tun Ihnen einen großen Gefallen, wenn sie Sie auf Trapp halten. Nichtstun verursacht Probleme, weil unser Stoffwechsel darauf eingestellt ist, die Energie zu nutzen, die wir mit der Nahrung aufnehmen. Ohne körperliche Aktivität können wir die zugeführte Energie nicht loswerden; sie wird als Fett im Körper gespeichert. Seit Ihr Enkelkind laufen gelernt hat, ist es fortwährend in Bewegung – Ihr ständig umhertrippelnder Liebling liefert Ihnen damit ein sehr gutes Beispiel. Machen Sie es ihm nach, bleiben Sie aktiv! Sie brauchen nicht unbedingt um die Mittagszeit zu joggen oder stundenlang mit dem Rad unterwegs zu sein. Spazierengehen, wandern, im Garten arbeiten, tanzen oder die »sanften« Kampfsportarten wie Tai-Chi sind ideal für Sie. Halten Sie einfach Ihren Körper jeden Tag ein paar Stunden lang in Bewegung, und Sie bleiben fit.

Das Ganze hat nichts mit anstrengenden Übungen zu tun, sondern ist viel reizvoller. Sie haben gar nichts weiter zu tun, als jeden Tag so viele Stunden auf den Beinen zu bleiben, wie Sie es schaffen. Flottes Gehen kommt dabei einem richtigen Konditionstraining sehr nahe.

Was passiert, wenn Sie zu wenig aktiv sind?

Verlust der Muskelkraft

Ab einem Alter von 65 Jahren verlieren wir alle zehn Jahre
etwa zehn Prozent unserer Muskelmasse,

aber

Körpertraining vergrößert Masse und Kraft der Muskeln, auch
am Herzen. Kräftigere Arme und Beine steigern die Mobilität,
so können Sie schwere Taschen ebenso tragen wie ein Kind.

Verlust von Calcium in den Knochen

Frauen büßen bis zu ihrem 90. Lebensjahr durchschnittlich
ein Drittel bis zur Hälfte ihrer Knochendichte ein. Das Risiko
von Knochenbrüchen erhöht sich entsprechend. Eine von vier
Frauen, die sich den Hüftknochen brechen, überlebt nicht,

aber

Körpertraining, mit dessen Hilfe Sie Ihr Gewicht halten, sorgt
auch für gesunde Knochen, verbessert den Gleichgewichtssinn
und mindert das Risiko, zu fallen und sich Knochen zu brechen.

Verlust der Leistungsfähigkeit von Herz / Lunge (Kurzatmigkeit)

Die meisten Menschen verlieren zwischen 20 und 80 mehr als
die Hälfte der Leistungsfähigkeit ihres Herz-Kreislauf-Systems,

aber

Körpertraining hält diese Entwicklung auf. Es beugt Herzerkrankungen und anderen chronischen Leiden vor und erhöht
damit die Lebenserwartung.

Leichtes Training und mentales Wohlbefinden Körperliche Aktivität verhindert, dass Sie trübsinnige Großeltern werden, sie steigert Ihr Wohlbefinden und erhöht Ihre Lebensfreude. Man sieht die Welt damit einfach wieder optimistisch.

Auch wenn ich einmal morgens deprimiert aufwache, fühle ich mich nach 30 Minuten auf dem Heimtrainer schon besser. Durch das Training wird mein Körper mit Hormonen überschwemmt, die Spannungen ebenso abbauen wie das Gefühl von Stress und Müdigkeit. Diese Veränderungen sind sofort spürbar, obwohl ich gar nicht so heftig in die Pedale trete. Das Tolle daran: Diese positive Wirkung kann bis zu acht Stunden anhalten.

Körpertraining macht Sie zufriedener mit sich selbst Mit Großeltern, die zu ängstlich sind oder kein Selbstwertgefühl haben, ist für Kinder der Spaß schnell vorbei. Körperliche Bewegung kann hier Abhilfe schaffen. Verschiedene Studien haben nachgewiesen, dass man sich schon besser fühlt, sobald man mit einem Trainingsprogramm angefangen hat. Positive Veränderungen der Figur und eine kräftigere Muskulatur steigern Ihr Selbstbewusstsein und das mentale Wohlbefinden. Körpertraining ist ein ausgezeichnetes Antidepressivum: Schnelles Gehen oder Radfahren kann Depressionen lindern.

Fitnesstraining gibt einen **optimistischen Blick** *auf die Welt und schenkt Ihnen gute Kondition*

Körpertraining schützt sogar vor Krebs Alle Großeltern träumen davon, so lange zu leben, dass sie ihre Enkelkinder heranwachsen sehen. Durch Fitnesstraining können sie sich so lange wie möglich ihre Gesundheit bewahren. Für körperlich aktive Männer und Frauen ist das Risiko, an Dickdarmkrebs zu erkranken, nur halb so hoch wie für Menschen, die den größten Teil des Tages herumsitzen. Das kann mit dem günstigen Effekt auf Insulin, Prostaglandine und Galle zu tun haben. Körperliches Training beschleunigt auch die Kontraktionen des Darms und verkürzt somit die Zeit, während der karzinogene Stoffe in den Fäkalien mit der Darmwand in Kontakt sind.

Die Wirkung der Hormone, die bei der Entstehung von Brust- und Gebärmutterkrebs beteiligt sind, wird ebenfalls durch körperliche Aktivität gemildert. Studien haben ergeben, dass sich dadurch die Brustkrebsrate um rund 30 Prozent senken lässt. Je aktiver Sie also sind, desto besser sind Sie wahrscheinlich vor dem Entstehen einer Krebserkrankung geschützt. Und möglicherweise bewahrt Körpertraining nach einmal behandeltem Krebs auch vor einer Wiedererkrankung. Es gibt entsprechende Hinweise bei Dickdarm- und Brustkrebs, aber vernünftiges Bewegungstraining wie Walking und Radfahren sollte Bestandteil von jedermanns Anti-Krebs-Programm sein.

Training hält Ihr Herz fit Sind Ihre Enkel besonders aktiv, so muten Sie Ihrem Herzen unter Umständen mehr zu, als es verkraftet. Mit gutem Körpertraining wird es aber relativ schnell wieder belastbarer.

Durch Training erhöhen Sie die Fähigkeit von Herz und Lunge, mit erhöhten Anforderungen zurechtzukommen. Im trainierten Organismus werden auch zusätzliche Arterien zum Herzmuskel geöffnet, die Blut in das arbeitende Gewebe befördern, wenn eine der Arterien blockiert ist. Auch der Blutdruck sinkt, und damit das Risiko eines Herzschlags.

Das bringt Ihnen Training

- »Wachstums«-Hormone lassen neue Gehirnzellen entstehen, daher verbessern sich kognitives Denken und Gedächtnis.
- Endorphine sorgen über Stunden für ein Stimmungshoch.
- Ihr Appetit wird reguliert; Essensgelüste werden geringer.
- Glückshormone wirken gegen Angst und Depressionen; der Bedarf an Antidepressiva sinkt.
- Störungen des Darmtrakts (Reizcolon) bessern sich.
- Der Blutdruck sinkt.
- Ihr Körper kommt wieder in Form.
- Migräne bessert sich, Kopfschmerzen verschwinden.
- Sie haben einen gesünderen Schlaf.
- Cholesterin wird reduziert, was Herzinfarkt und Schlaganfall vorbeugt.
- Knochenpolitur – sorgt für geringere Osteoporose-Gefahr.
- Erhöht die Gelenkigkeit, Mobilität und Ausdauer.
- Verbessertes Gleichgewicht und geringere Sturzgefahr. Jede Art von Training erhöht die Leistungsfähigkeit von Herz und Lunge, ermöglicht also größere Aktivität.

Angemesse körperliche Betätigung wie Walken oder Radfahren sind jedem zur Krebsvorsorge empfohlen

147

Achten Sie auf Ihren Rücken

Die Wirbelsäule gehört zu den am meisten strapazierten Bereichen unseres Körpers. Sie ist permanenter Beanspruchung und
Stress ausgesetzt. Und falls Ihre Matratzen und Kissen nicht
wirklich rückenfreundlich sind, dann sogar auch im Bett. Wenn
Sie Enkelkinder haben, erhöht sich der Stress noch, denn Sie
wollen Babys und Kleinkinder ja auf den Arm nehmen und spazieren tragen – auch ein ganz kleines Baby kann einem nach
den ersten paar Minuten schon erstaunlich schwer vorkommen. Wenn Sie Kinder hochheben, tragen oder wenn Sie sich
bücken ist die richtige Haltung wichtig.

Hier ein paar Tipps zur Erinnerung:

- Wenn Sie sich am Boden beschäftigen – spielen oder
  jäten – gehen Sie in die Knie.
- Vermeiden Sie es, sich zu bücken, denn das ist sehr ermü-
  dend und belastet den Rücken: Setzen Sie sich einfach hin.
- Wenn Sie ein Kind oder etwas Schweres, beispielsweise
  einen Kinderwagen, heben, beugen Sie die Knie, knicken Sie
  nicht in der Taille ab.
- Tragen Sie ein Kind oder eine schwere Last eng am Körper,
  und gehen Sie in die Knie, wenn Sie das Gewicht abstellen.
- Wenn Sie einen großen Gegenstand verrücken wollen,
  drücken Sie mit Ihrem Rücken dagegen, nicht mit den Händen. Noch besser ist, jemanden um Hilfe zu bitten.
- Starke Bauchmuskeln »schienen« den Rücken; ziehen Sie
  sie immer wieder ein und zählen Sie bis fünf, bevor Sie
  locker lassen.

Körpertraining zügelt den Appetit Wir alle haben den sogenannten *Appestat,* eine Hirnregion, von der man annimmt, dass sie den Appetit steuert. Den ganzen Tag bekommt dieser Appestat die verschiedensten Befehle (chemisch, elektrisch, hormonell, psychisch), die ihn ein- oder ausschalten. Das Körpertraining setzt ihn in Gang (SCHLUSS MIT ESSEN!), und er bleibt während der Bewegungsphasen eingeschaltet. Die Wirkung dieser Schaltvorrichtung ist subtil und massiv zugleich. Bis eine Stunde nach dem Training bleibt das Hungergefühl unterbunden, weil der Insulinspiegel ausgeglichen ist.

Wegen dieser Stabilisierung des Insulins reagiert der Appestat besonders empfindlich und sendet früh das Signal aus, dass Sie genug gegessen haben. Das ist der Zeitpunkt, zu dem Sie aufhören sollten zu essen. Training führt also dazu, besser auf Ihren Appestat zu hören. Sie essen weniger, nehmen ab und können Ihr Gewicht halten.

Alles, was Sie tun sollen, ist Gehen

Sie müssen oft ganz schön lange Strecken mit Ihrem Enkelkind marschieren; deshalb hier ein paar Dinge, an die Sie denken sollten, wenn Sie Ihr Walking-Training beginnen:

- Sie haben es nicht eilig.
- Erwarten Sie Fortschritte nicht nach Tagen, sondern nach Wochen.
- Nach vier Wochen regelmäßigen und flotten Gehens werden Sie *Veränderungen* an Ihrem Körper und Ihrem Wohlbefinden feststellen: Sie sind bestens auf den Kinderwagenmarathon vorbereitet.
- Da Sie es langsam angehen lassen, brauchen Sie Ihren Puls nicht zu messen; stehen Sie einfach auf und gehen Sie unbekümmert los.
- Ihr Ziel ist es, eine halbe Stunde lang in flottem Tempo zu gehen.
- Gehen Sie anfangs auf ebener Strecke, nicht bergauf.

- Gehen Sie so, dass Sie noch ruhig atmen können. Ihr Puls liegt dann bei etwa 60 Prozent der maximalen Leistungsfähigkeit.
- Quälen Sie sich niemals weiter, als Sie wirklich gehen möchten! Wenn Sie sich überanstrengt fühlen, dürfen Sie die Tour beenden.
- Versuchen Sie nicht, Ihr Tempo zwanghaft zu steigern; verlängern Sie lieber nach und nach Ihre Trainingsstrecke.
- Laufen Sie anfangs nicht gegen die Windrichtung. Das erhöht die Anstrengung beträchtlich, vor allem wenn Sie Herzprobleme haben.
- Steigern Sie Ihr Pensum, bis Sie 5 km in einer Stunde schaffen.
- Verwöhnen Sie Ihre Füße mit bequemen Schuhen und gut sitzenden Socken.
- Tragen Sie sportliche Kleidung in mehreren Schichten: So können Sie leicht auf jegliche Temperaturschwankungen reagieren.
- Halten Sie sich möglichst an einen regelmäßigen Trainingsplan. Walken Sie mindestens drei Mal pro Woche. Wenn Ihre Enkelkinder bei Ihnen sind, können Sie ja auch zusammen gehen.
- Laufen Sie doch gleich die Strecke, die Sie sonst per Auto zurücklegen würden: Dann gehört der Marsch für Sie bald zum Alltag.

Und wenn Sie es nicht schaffen?

Nicht alle Großeltern können so fit werden, wie sie es gern möchten, und manche dürfen sich wegen Behinderung oder Krankheit nicht allzu sehr anstrengen. Auch sie möchten natürlich Spaß mit ihren Enkelkindern haben, müssen aber besser vorausplanen und sind eher auf helfende Begleitpersonen angewiesen.

Aber wo ein Wille ist, da gibt es auch einen Weg. Eine meiner Freundinnen ist wegen ihrer Multiplen Sklerose auf den Rollstuhl angewiesen, trotzdem verbringt sie fröhliche Stunden mit ihren En-

Tipps für den Start

Sie wissen etwa neun Monate im Voraus von der Ankunft Ihres Enkelkindes. Beginnen Sie also ganz sanft – Sie haben keinen Grund sich zu beeilen.

- Bevor Sie mit dem Training anfangen, sprechen Sie auf jeden Fall mit Ihrem Hausarzt.
- Suchen Sie sich Übungen aus, die Sie mögen, denn sonst fällt es Ihnen schwer, bei Ihrem Programm zu bleiben.
- Die Übungen sollten nicht aus schwerer Hausarbeit bestehen. Wenn doch, haben Sie die falschen gewählt.
- Die Anstrengung ist optimal, wenn Sie sich dabei noch unterhalten können.
- Das Beste für Sie sind Übungen, die in Ihren Tagesablauf passen, etwa ein schneller Spaziergang mit dem Hund, die Fahrt mit dem Rad zur Arbeit oder zum Einkaufen usw.
- Machen Sie Ihre Übungen nie mit vollem Magen. Warten Sie nach dem Essen mindestens eine Stunde und beginnen Sie dann erst mit ein paar Lockerungsübungen.
- Übereifer schadet, deshalb sollten Sie die Trainingszeit nicht zu schnell ausdehnen. Langsam und sicher steigern ...
- Wenn Sie die erwünschte Kondition erreicht haben, sollten Sie natürlich dranbleiben, um fit zu bleiben.
- Einfach etwas länger Walken als üblich genügt schon, um die Fitness weiter zu steigern.
- Ziel ist nicht, sich drei Mal pro Woche völlig zu verausgaben, sondern den Körper täglich sanft zu trainieren.

kelkindern. Einmal pro Woche kommen die Kinder zu ihr, und Sie hat Freunde bei sich, die ihr zur Hand gehen. Einen Tag pro Woche verbringt sie bei ihrer Tochter und den Kindern. So ist sie in ihren Aktivitäten mit den Enkelkindern selbst durch diese schwere Behinderung kaum eingeschränkt.

Und dann kenne ich auch einen Großvater, dem der rechte Unterschenkel amputiert wurde und der eine Prothese trägt. Er fing wieder an, Tennis zu spielen, weil einer seiner Enkel ihn unbedingt als Partner wollte, und er ging auch weiterhin zum Skifahren; so braucht er zu Weihnachten nicht auf die Skiferien mit den Enkelkindern zu verzichten.

Schon die Fahrt mit dem Zug kann ein *Vergnügen* sein

Großeltern, die nicht mehr ganz so fit sind, gestalten einen Ausflug unter Umständen so, dass die Fahrt aufregender ist als der Zielort. Die Fahrt mit der Bahn oder mit dem Auto ist schließlich ein außerordentliches Vergnügen. Und auf einer Schiffsreise können Sie vom Liegestuhl aus bequem beobachten, wie Ihre Enkelkinder im Wasser herumtollen – wenn sie Ihnen von Tauchversuchen erzählen, ist das fast so aufregend, als wären Sie dabei gewesen. Sie sind wahrscheinlich nicht in der Lage, mit ihnen in einen Heißluftballon zu steigen, aber Sie könnten ein solches Abenteuer für sie arrangieren und sie dabei vom Auto aus beobachten. Und nachher natürlich den aufgeregten Schilderungen der Kinder lauschen. Auch ein Hubschrauberflug ist vielleicht nicht mehr das Richtige für Sie, aber begleiten Sie die Kinder wenigstens zum Flugplatz. Natürlich können Sie Ihre Enkelkinder in alle Freizeit- der Themenparks begleiten, die auch für Behinderte zugänglich sind. Denken Sie doch mal an einen spektakulären Trip ins Disney World von Paris!

Mein Rezept für möglichst lange Lebensfreude

Es gibt kein Lebenselixier, keine Pille, keinen Zaubertrank, keine bestimmte Regel zur Erlangung von Lebensfreude. Der Lebensstil ist das Ausschlaggebende! Und der besteht aus mehr als einer Schachtel an Nahrungsergänzungsmitteln.

Um länger gesund zu leben, müssen Sie investieren, an sich arbeiten, Selbstverpflichtungen eingehen und wachsam bleiben. Auch wenn mein Rezept Ihnen keinen extra Tag im Leben beschert, kann ich Ihnen doch versprechen, dass jeder Ihrer Tage ein Stück lebenswerter sein wird.

- Essen Sie Müsli zum Frühstück.
- Meiden Sie zu fette Nahrungsmittel, außer fettem Fisch.
- Essen Sie möglichst zu jeder Mahlzeit Obst und Gemüse.
- Essen Sie frische Produkte, so oft Sie können.
- Essen Sie Fisch, vor allem fetten Fisch, so oft Sie können.

Ernähren Sie sich richtig, bleiben Sie gesund und freuen Sie sich an Ihren Enkeln

Training ist der Weg zur körperlichen Fitness, aber auch Ihre Ernährung hat Einfluss darauf, wie Sie aussehen und sich fühlen. Gesundes Essen erhöht Ihr Wohlbefinden und gibt Ihnen die Chance, Ihr Leben lang aktiv und gesund zu bleiben.

Überlegen Sie doch zunächst einmal, welchen Anteil frische Produkte auf Ihrem Speiseplan ausmacht. Mit frischen Produkten meine ich Zutaten, die Sie frisch einkaufen und selbst zubereiten, also Gemüse, Fleisch und Fisch. Es stimmt natürlich, dass uns auch bestimmte industriell verarbeitete Produkte wie Vollkornbrot, eingelegter Dosenfisch und Tiefkühlgemüse (nicht Konserven!) noch Nährstoffe liefern, die wir dringend benötigen. Doch büßen die meisten industriellen Nahrungsmittel bei der Verarbeitung Nährstoffe ein und bekommen dafür Zutaten, die wir meiden sollten: Fett, Salz und Zucker. Die gesündeste Nahrung für jeden Menschen sind frische Produkte, sowie täglich fünf oder mehr Portionen Obst und Gemüse.

Lernen Sie doch einfach auswendig, welche Nahrungsmittel viele Vitamine und Mineralstoffe enthalten. Zum Beispiel:

- *Folsäure* findet sich reichlich in Spinat, Krauskohl, Mangold, Hülsenfrüchten und Nüssen.
- *Vitamin B$_6$* ist vor allem in Meeresfrüchten, Vollkorn, Bananen, Nüssen und Geflügelfleisch enthalten.
- *Vitamin E* ist in fetthaltigen pflanzlichen Nahrungsmitteln konzentriert, also in Sojabohnen, Sonnenblumen- und Maiskeimöl, Nüssen und Samen, Vollkorngetreide und Weizenkeimen.
- *Selen* beziehen wir aus Getreide, Sonnenblumenkernen, Fleisch, Knoblauch und Meeresfrüchten – vor allem Thunfisch, Schwertfisch und Austern –, die denkbar beste Quelle aber sind Paranüsse.

- *Chrom* ist vor allem in Brauhefe, Brokkoli, Gerste, Leber, Garnelen, Vollkorngetreide, Pilzen und manchen Biersorten enthalten.

Die gesündeste Ernährung für jeden Menschen ist frisch zubereitetes Essen und **mindestens fünf Mal** *Obst und Gemüse pro Tag*

Weniger Kalorien Wenn Sie weniger Kalorien zu sich nehmen, halten Sie nicht nur Ihr Gewicht unter Kontrolle. Kalorienreduzierung gibt Ihnen sogar etwas zurück – nämlich eine längere Lebenserwartung. Das dürfte Ihnen auch helfen, gesunde Großeltern zu sein bzw. zu bleiben. Ein paar Tipps, wie Sie Kalorien sparen können:

- Trinken Sie vor dem Essen ein Glas Wasser. Das dämpft den Appetit, verhindert, dass Sie zu viel essen, hilft, die Verdauungssäfte zu durchmischen und sorgt dafür, dass Ihr Magen mehr Säure produziert; das wiederum bewahrt Sie vor Blähungen.
- Nehmen Sie sich Zeit beim Essen, auch wenn Sie Heißhunger haben. Zählen Sie bis zehn, bevor Sie einen Bissen nehmen. Schlucken Sie ihn erst hinunter, nachdem Sie wieder bis zehn gezählt haben.
- Zügeln Sie Ihren Appetit zwischen den Mahlzeiten mit zuckerfreiem Kaugummi oder Pfefferminzbonbons.
- Kleben Sie sich einen Spruch an die Kühlschranktür, an den Spiegel oder den Computer, der Sie daran erinnert, dass Sie zwischendurch nichts Kalorienreiches naschen wollen.

Goldene Ernährungsregeln
für Großeltern

- Fangen Sie den Tag mit Haferbrei zum Frühstück an.

- Essen Sie mindestens fünf Mal am Tag Obst und Gemüse, besser noch zehn Mal, möglichst viele verschiedene Sorten.

- Geben Sie frischen und tiefgefrorenen Früchten und Gemüsen den Vorzug vor Konserven.

- Genießen Sie die Früchte ganz, püriert oder als Saft.

- Essen Sie Gemüse roh oder schonend gegart.

- Wählen Sie wegen des Gehalts an Antioxidantien öfter Früchte und Gemüse von kräftiger Farbe.

- Garen Sie Gemüse in der Mikrowelle, um die Antioxidantien zu erhalten.

- Kochen Sie öfter Gerichte mit großen Gemüsestücken.

- Essen Sie täglich drei oder mehr Gerichte aus Vollkorngetreide. Denken Sie daran, dass Vollwertreis viel mehr Nähr- und Ballaststoffe enthält als polierter weißer Reis.

- Basis Ihrer Ernährung sollten vollwertige, unraffinierte, nicht chemisch haltbar gemachte Kohlenhydrate sein. Mehr als die Hälfte der täglichen Kalorienzahl soll aus Obst, Gemüse, Reis und Vollkornprodukten stammen.

- Der Fettgehalt sollte nur ein Drittel der täglichen Kalorienzahl ausmachen und die Nahrung wenigstens zwei Mal pro Woche gesunde Omega-3-Fettsäuren enthalten, wie sie uns Heringe, Sardinen, Lachs, Nüsse und Dorschleber liefern.

- Eine Suppe mit großen Gemüsestücken macht Sie schneller satt; Sie essen um ein Fünftel weniger als bei pürierter Suppe.
- Man isst weniger, wenn ein Gericht gut gewürzt und scharf ist.
- Durch ein Lunchpaket können Sie unter Umständen bis zu 300 Kalorien täglich sparen, wenn Sie sich selbst versorgen.
- Trinken Sie eine Tasse schwarzen, grünen oder Jasmintee, bevor Sie losgehen. Das setzt die Fettsäuren in den Muskeln frei, und die Fettverbrennung kommt schneller in Gang.
- Essen Sie bevorzugt Salate aus Karotten, Brokkoli, und Gemüse.
- Mischen Sie Säfte mit Wasser, das spart 100 Kalorien pro Glas.
- Studieren Sie ruhig die Kalorienangaben auf den Verpackungen.
- Gießen Sie beim Braten kein Öl in Pfanne oder Topf. Machen Sie es wie die Japaner bei Rührbraten und sprühen Sie das Öl.
- Denken Sie in kleineren Portionen. Verwenden Sie kleinere Teller, dann wirken die Portionen optisch größer.

Antioxidantien

Wenn wir älter werden, bekommt unsere DNA – der Speicher für die Erbinformation unserer Körperzellen und Träger des Bauplans jeder neuen Zelle – allmählich ein paar Eselsohren. Die häufige Reproduktion führt zu einer größeren Fehlerquote, und Angriffe auf die DNA durch freie Radikale verschlimmern den Schaden noch.

Normale Körperfunktionen wie Atmung oder Verdauung haben chemische Reaktionen zur Folge, die die Sauerstoffmoleküle in unserem Organismus beeinträchtigen. Solche chemischen Reaktionen rauben den Molekülen ein Elektron; das Ergebnis sind zahlreiche Moleküle, die ein Elektron weniger besitzen. Man nennt sie freie Radikale und nimmt an, dass die Zerstörung der Zellen und vor allem der in ihnen enthaltenen DNA durch freie Radikale verursacht wird, die das bei ihnen fehlende Elektron ersetzen wollen, indem sie es sich von unbeschädigten Molekülen beschaffen. Dieser Prozess könnte auch ein Grund für das Altern sein. Das heißt: Alles, was die freien Radikalen in Schach hält, ist gut.

Am besten können das die Antioxidantien. Sie räumen nämlich auf mit jenen zerstörerischen biochemischen Verbindungen, die unter dem Namen freie Radikale bekannt sind, und die unsere Zellen in jeder Sekunde als Ergebnis des Stoffwechsels produzieren.

Deshalb ist unsere Nahrung so wichtig. Unsere Lebensmittel enthalten Tausende von Mikro-Nährstoffen, die dem Organismus helfen, sich die Antioxidantien nutzbar zu machen und sie dorthin zu schaffen, wo sie benötigt werden; das können Nahrungsergänzungsmittel nicht. Essen Sie deshalb so oft und so viel wie möglich Nahrungsmittel, die Antioxidantien enthalten. Die mächtigsten Antioxidantien sind Vitamin C und E, Selen und Betakarotine.

Vitamin C Was es bewirkt: Es ist an der Produktion von Kollagen, dem Strukturprotein des Bindegewebes – also des natürlichen Kitts im Organismus – beteiligt, das überall im Körper in Sehnen, Knorpeln, Knochen und Haut zu finden ist. Vitamin C hilft bei der Wundheilung, erhöht die Absorption von Eisen und bewahrt das Vitamin E vor Oxidation. Besondere Bedeutung hat es für die Gesundheit der Blutgefäße. Es schützt vor grauem Star, Makuladegeneration und dem unwiderruflichen Verlust der Sehkraft bei vielen alten Leuten.

Vor allem enthalten in: schwarzen Johannisbeeren, Rosenkohl, Blumenkohl, Erdbeeren, Zitronen, Kohl, Orangen, Spinat, Grapefruits, Ananas, Kartoffeln, Tomaten, Pfirsichen, Bohnen, Bananen, Erbsen.

Wichtigster Lieferant von Anti-oxidantien ist gesundes Essen – *und keine Vitaminpillen*

Vitamin E   Was es bewirkt: schützt vor Zerstörung durch freie Radikale, mindert das Risiko von Herzinfarkt und Krebs, stärkt die Abwehrkräfte. Hemmt eventuell auch die Entstehung von Prostatakrebs.
Vor allem enthalten in: Mandeln, Rapsöl, Haselnüssen, Margarine, Olivenöl, Erdnussbutter, Reiskleie, Sonnenblumenöl, Garnelen, Süßkartoffeln, Sonnenblumenkernen, Weizenkeimöl, Vollkorn, Getreide.

Selen   Was es bewirkt: Wichtig für ein gesundes Immunsystem. Es dient auch als wirksames Anti-Krebs-Mittel, insbesondere Lungenkrebs, eine Rolle spielen. Es bietet Schutz vor Herzerkrankungen und scheint positive Wirkung auf die geistige Leistungsfähigkeit zu haben, weil es die Durchblutung des Gehirns fördert.
Vor allem enthalten in: Vollkornprodukten, Sonnenblumenkernen, Fleisch, Meeresfrüchten, Knoblauch, Paranüssen.

Betakarotine   Was sie bewirken: Sie könnten bei der Vorbeugung und Behandlung von Krebs, Herzerkrankungen, grauem Star und Störungen des Immunsystems eine Rolle spielen. Betakarotine hemmen möglicherweise Krebs, insbesondere Gebärmutterhalskrebs, und verhindern die Ausbreitung der Krebszellen. Unter Umständen spielen sie auch bei der Prävention von Herzinfarkten eine Rolle.

159

Vor allem enthalten in: Karotten, Süßkartoffeln, Aprikosen, Chicoree, Spinat, Melonen, Kürbis, Tomatensaft, Grapefruits, Mangos.

Obst und Gemüse für aktive Großeltern

● **Brokkoli** enthält viel Calcium, aber auch eine große Auswahl an Antioxidantien, darunter vor allem Sulphurane, aber auch Vitamin C, Betakarotine, Quercetin, Glutathion und Lutein. Er ist zugleich einer der wichtigsten Lieferanten des Spurenelements Chrom, das gegen Insulinresistenz wirkt und an der Normalisierung des Blutzuckerspiegels beteiligt ist.

● **Karotten** können im Kampf gegen das Altern wahre Wunder wirken. Essen Sie fünf Karotten pro Woche, auf diese Weise können Sie Ihr Risiko eines Herzschlags um bis zu zwei Drittel vermindern. Ein paar Karotten täglich sorgen für eine Senkung des Cholesterins um zehn Prozent.

● **Weintrauben** Essen Sie vor allem die blauen Weintrauben. Trauben enthalten 20 bislang bekannte Antioxidantien, vor allem in Schalen und Kernen – je dunkler die Schalen, desto größer die Wirkung. Die Antioxidantien in Trauben senken das Cholesterin und entlasten die Blutgefäße.

● **Beeren** Je dunkler die Beeren, desto mehr Antioxidantien stecken darin, essen Sie deshalb reichlich Heidelbeeren, die das Antioxidans Anthocyanon enthalten. Sowohl Heidelbeeren wie auch Preiselbeeren sind Abwehrmittel gegen Infektionen des Harntraktes. Sämtliche Beeren enthalten reichlich antioxidatives Vitamin C.

- **Zitrusfrüchte** Orangen enthalten eine ganze Phalanx von Antioxidantien, darunter Karotinoide, Terpene, Flavonoide und Vitamin C. Grapefruits haben einzigartige Fasern, vor allem in den Häutchen und den Saftsäckchen; diese Fasern wirken gegen Cholesterin und können bei der Bekämpfung der Arteriosklerose von Nutzen sein.

- **Tomaten** Kein Tag ohne Tomaten. Sie sind praktisch der einzige verlässliche Lieferant des antioxidativen Lycopins, das uns die geistige und körperliche Funktionstüchtigkeit bewahrt und dazu noch das Risiko von Bauchspeicheldrüsen- und Gebärmutterhalskrebs vermindert. Durch Kochen wird das Lycopin nicht zerstört.

- **Kohl** Wie Brokkoli enthält auch Kohl reichlich Antioxidantien, wer häufig Kohl isst, kann sein Risiko, an Darm-, Magen- oder Brustkrebs zu erkranken, verringern.

- **Zwiebeln** Rote und gelbe Zwiebeln sind besonders reich an Quercitin, das Blutgerinnseln vorbeugen kann, indem es verhindert, dass das schlechte HDL-Cholesterin die Arterien bedroht.

- **Avocado** Ein besonders wirksames Antioxidans. Obwohl die Früchte viel Fett enthalten, wirkt dieses Fett gegen zu viel Cholesterin; außerdem liefert es Kalium und schützt damit die Blutgefäße.

- **Spinat** kann wirksam gegen Krebs, Herzerkrankungen, Bluthochdruck, Schlaganfall, grauen Star sein.

7 Die Zukunft planen

Eltern und Großeltern wünschen sich für ihre Kinder und Enkel nichts mehr als eine erfüllte Zukunft. Wer helfen möchte, diese zu realisieren, wird auch um eine finanzielle Planung kaum herumkommen. Dennoch stehen Geldfragen auf der Prioritätenliste meist zu weit unten.

Zunächst möchte ich klarstellen, dass die folgenden Empfehlungen nur allgemeiner Natur sein können. Ihre finanzielle Entscheidungen sollten Sie stets mit einem unabhängigen, professionellen Finanzberater besprechen, der Ihre individuelle Ausgangslage berücksichtigt.

Finanzplanung ist wichtig

Wenn Ihre Familie wächst, ist eine sorgfältige Planung der Geldangelegenheiten unerlässlich, falls Sie nicht möchten, dass die Lebenshaltungskosten Zukunftsängste bei Ihren Kindern auslösen. Sie haben selbst Kinder großgezogen und sind sich darüber im Klaren, dass das eine Menge Geld kostet. Auch wenn einige Leute das Thema als verwirrend oder abschreckend empfinden, werden sich ein paar vernünftige Überlegungen, sobald man sich darüber freuen darf, Großeltern zu werden, in der nahen wie auch ferneren Zukunft im Wortsinne bezahlt machen.

Vielleicht möchten Sie von Anfang an helfen. Der finanzielle Aufwand, den es bedeutet, ein Baby zu haben, wird allgemein auf 15–25 Prozent des Familieneinkommens geschätzt. Das mag nach viel Geld klingen, aber Sie benötigen ja nicht nur die gesamte Babyausstattung – Kinderwagen, Kleidung, Autositz usw. –, sondern müssen auch Ihre Lebensgewohnheiten umstellen. Wenn man das berücksichtigt, klingt diese Schätzung schon realistischer.

Vernünftige Überlegungen zu den Familienfinanzen machen sich über Monate und Jahre bezahlt

Denken Sie voraus Je weiter Sie vorausschauen, desto höher sind die Kosten, die Ihre Kinder als werdende Eltern erwarten. Sobald die Babypause der Mama vorbei ist, entstehen vermutlich Kosten für die Kinderbetreuung. Diese können eine so große Belastung darstellen, dass sich die Berufstätigkeit der Mutter gar nicht mehr lohnt. Wenn die Familie weiter wächst, brauchen Ihre Kinder vermutlich ein größeres Haus und eine größere Familienkutsche (mit fünf Türen oder Schiebetüren). Später kommen die Kosten für die Ausbildung dazu.

Die wenigsten Großeltern denken daran, die finanzielle Zukunft der kleinen Wonneproppen zu planen oder die Auswirkungen auf das Einkommen der Kinder zu überdenken. In der Realität allerdings wird der Familienalltag für viele Eltern von permanenten finanziellen Krisen überschattet.

Die gute Nachricht: Viele der größten Belastungen liegen noch in ferner Zukunft – Schul- und Studiengebühren, Hochzeiten und Startkapital etwa für den Bau eines Hauses. Aber auch die alltäglichen Ausgaben summieren sich, wenn Ihre Enkelkinder immer mehr zu essen, zum Anziehen usw. brauchen. Vielleicht sind Ihre Kinder stolz auf ihre finanzielle Unabhängigkeit und weisen alle derartigen Hilfsangebote von sich. Aber selbst dann können sie unverschuldet in eine Lage kommen, wo Unterstützung nottäte. Manche Eltern fühlen sich als Versager, wenn sie Geld für ihre Familie annehmen, daher muss man bei diesem Thema größte Sensibilität und Diplomatie walten lassen. Wenn andererseits ein Kind um finanzielle Unterstützung bittet, sollten Sie ihm diese ohne große Umschweife gewähren. Sicher gehören Sie zu den Menschen, die man am liebsten danach fragt.

Zweckgebundenes Sparen Vielleicht möchten Sie einen finanziellen Beitrag für einen bestimmten Lebensbereich Ihres Enkelkindes

Miriams Kummerkasten

F Ich ärgere mich über meinen Schwiegersohn

Als Manager eines großen Supermarkts verdiene ich recht gut – und gebe deshalb gerne Geld für alle meine Enkelkinder aus. Meine Frau und ich haben sie zu Ferien im Ausland und Besuchen im Disneyland in Paris eingeladen, doch er wirft mir vor, ihre Liebe zu erkaufen. Meine Frau meint, er sei wegen seiner Arbeitslosigkeit verzweifelt und ich solle das nicht persönlich nehmen. Ich möchte meinen Enkeln nicht Unrecht tun, aber sein permanenter Missmut überschattet unsere ansonsten so fröhlichen Zusammenkünfte. Wie soll ich damit umgehen?

A Legen Sie die Spendierhosen für eine Weile ab

Ihr Schwiegersohn hat vielleicht den Eindruck, hier spiele sich eine Art Kräftemessen um den Respekt seiner Kinder zwischen Ihnen beiden ab – bei dem er verliert. Sie scheinen ein großzügiger Mensch zu sein, dem es Spaß macht, seine Enkel glücklich zu sehen, während er durch seine Arbeitslosigkeit verunsichert ist. Im Moment besitzen Sie alles: einen guten Job und das Geld für den perfekten Opa. Vielleicht sollten Sie die Spendierhosen für eine Weile ablegen und nach gemeinsamen Aktivitäten mit Ihren Enkeln suchen, die nichts mit einem dicken Bankkonto zu tun haben. Das nimmt vermutlich das Konkurrenzdenken aus Ihrem Verhältnis. Trotzdem können Sie weiterhin jede Menge Spaß mit den Enkeln haben.

leisten, für Schul- oder Studiengebühren zum Beispiel. Dann tun Sie gut daran, schon lange im Voraus einen monatlichen Fixbetrag dafür beiseitezulegen.

Denken Sie auch daran, für sich persönlich vorzusorgen. Sonst erleben Ihre Kinder neben dem emotionalen Trauma auch einen finanziellen Schock, falls Ihnen etwas zustoßen sollte. Achten Sie daher auf eine angemessene Lebens- und Krankenversicherung. Denn wenn Sie Ihre finanzielle Hilfe anbieten wollen, können Sie es sich im wahrsten Sinne des Wortes nicht leisten, den Kopf in den Sand zu stecken. Fangen Sie lieber früher als später mit dem Sparen an. Wenn Sie es geschickt anstellen, lassen sich auf diese Weise sogar Steuern sparen. In den Versicherungsdokumenten sollten Ihre Kinder oder Enkel eventuell als Begünstigte aufgeführt sein.

Das Wichtigste zum Schluss Die wahrscheinlich beste Hilfestellung, die Sie Ihren Enkelkindern geben können, ist, sie den vernünftigen Umgang mit Geld zu lehren. Als Oma oder Opa sind Sie perfekt dafür geeignet, gutes Finanzmanagement zu lehren. So helfen Sie ihnen dabei, Erwachsene zu werden, die kluge finanzielle Entscheidungen treffen, sich vor Überschuldung hüten und die selbst gesteckten Ziele erreichen.

Als Großeltern sind Sie prädestiniert dafür, gutes Finanzmanagement zu lehren

Zeigen Sie Ihren Enkeln, wie man mit Geld umgeht

Hier ein paar Vorschläge, wie Sie Ihren Enkelkindern den Zugang zum Thema Geld erleichtern können.

- Erklären Sie Ihrem Enkelkind frühzeitig, was Geld ist. Üben Sie gemeinsam, es zu zählen.
- Schenken Sie ihm ein Sparschwein und ermutigen Sie es, darin für einen bestimmten Zweck zu sparen.
- Bevor Sie Ihrem Enkel ein Spielzeug kaufen, das es in einer Werbung gesehen hat, lassen Sie es dieses genau betrachten. Erst wenn das Kind überzeugt ist, dass es seinen Erwartungen entspricht, kaufen Sie es gemeinsam.
- Eröffnen Sie ein Sparbuch für Ihr Enkelkind.
- Geben Sie Ihrem Enkelkind regelmäßig ein kleines Taschengeld.
- Helfen Sie ihm dabei zu lernen, wie man Ausgaben plant.
- Erklären Sie das Prinzip Geldverdienen durch die Entlohnung von Hilfsdiensten im Haushalt.
- Wenn Ihre Enkelkinder beginnen, selbst Geld auszugeben, ermuntern Sie sie dazu, ihre Entscheidungen im Nachhinein zu analysieren.

Entscheiden Sie sich für ein bestimmtes Produkt

Überlegen Sie zunächst, was Sie selbst und Ihre Enkelkinder brauchen. Wie sehen Ihre finanziellen Ziele aus? Möchten Sie beispielsweise für die Ausbildung Ihrer Enkel sparen oder einen einmaligen Betrag für sie investieren? Oder gilt es zunächst einmal Sie selbst für den Krankheitsfall optimal abzusichern?

Entscheiden Sie, wie hoch der Betrag ist, den Sie beiseitelegen können und ob Sie das lieber auf Raten oder mit einer Einmalzahlung tun möchten. Hier sind auch die aktuellen Steuervorschriften zu beachten und zusätzliche Sparpotenziale oder staatliche Förderungen zu nutzen.

Holen Sie Erkundigungen über mögliche Finanzprodukte ein, die Ihren Bedürfnissen am besten entsprechen. Werbeangebote, die Sie per Post oder via Internet erhalten, mögen verlockend klingen, sollten aber nur Ihrer Information dienen. Effektiv beraten kann Sie nur ein Finanzplaner Ihres Vertrauens. Lassen Sie sich unbedingt vorher über mögliche Regressansprüche aufklären.

Machen Sie sich schlau Versuchen Sie, so viel als möglich über Ihre verschiedenen Optionen in Erfahrung zu bringen. Unter den professionellen Finanzberatern gibt es zwei Kategorien. Diejenigen, die nur für einen Anbieter arbeiten und Sie nur hinsichtlich der Produkte ihres Unternehmens beraten können. Lassen Sie sich erklären, welches davon für Sie infrage käme und warum.

Unabhängige Berater können Ihnen helfen, den gesamten Markt nach dem besten Anbieter und dem geeignetsten Produkt für Sie zu durchforsten. Achten Sie bei der Wahl eines Beraters unbedingt auf Seriosität, entsprechende Zertifikate, Zulassungen und Empfehlungen von Verbraucherschutzorganisationen.

Sparen für Kinder und Enkel

Außer der klassischen Variante, also dem Anlegen auf einem hoch-verzinsten Festgeldkonto, haben Sie eine Reihe anderer, durchaus kreativer Möglichkeiten (Sie können Ihre Bank z.B. anweisen, jegli-chen ersparten Betrag automatisch auf dieses Konto zu überweisen). Wenn Sie auf Nummer sicher gehen und dafür sorgen wollen, dass Ihre Kinder oder Enkel nicht vorzeitig an das Geld kommen, müssen diese sich eben gedulden. Sie können dann nicht im Namen Ihres Enkels sparen, sondern nur in Ihrem eigenen und das Geld dann spä-ter dem Kind überweisen. Aber Achtung: Hier können Schenkungs- und/oder Erbschaftssteuer anfallen.

Privates Sparbuch Innerhalb der gesetzlich vorgeschriebenen Frei-beträge können Sie hier steuerfrei Zinsen kassieren. Sie zahlen so viel oder wenig ein, wie Sie möchten, und können das Geld jederzeit abheben.

Kindern und Enkeln Geld geben Vielleicht möchten Sie Ihre Kin-der oder Enkel mit einem Geldgeschenk selbst zum Sparen animie-ren oder ihnen ein finanzielles Polster zur Verfügung stellen, wenn sie von Zuhause ausziehen. Konsultieren Sie bei größeren Summen Ihren Steuerberater hinsichtlich möglicherweise anfallender Schen-kungs- oder Erbschaftssteuern.

Tipps zur Ausbildungsfinanzierung

Vielleicht wollen oder müssen Sie einem Enkelkind Schulbesuch, Universitätsstudium oder sonstige Berufsausbildung finanzieren.

- **Unterschätzen** Sie diese Kosten nicht. Bei Privatschulen und Internaten sind die Tarife nach oben hin offen. Das Gleiche gilt für private Hochschulen.

- **Planen** Sie vorausschauend und beginnen Sie frühzeitig zu sparen.

- **Wählen** Sie ein Sparmodell, bei dem Sie nach Bedarf über das eingezahlte Geld verfügen können.

- **Je** flexibler das Finanzprodukt, desto besser, denn sowohl Ihre Bedürfnisse als auch die Ihrer Kinder oder Enkelkinder können sich ändern.

- **Erkundigen** Sie sich nach möglichen Stipendien oder Förderungen. Ihre Kinder haben vielleicht nicht die Zeit dafür – Sie sollten sie sich nehmen.

- **Unterziehen** Sie Ihre finanziellen Verhältnisse einer kritischen Prüfung, bevor Sie sich zu laufenden Zahlungen verpflichten.

Miriams Kummerkasten

F **Wie spart man am besten für sein Enkelkind?**
*Unsere Tochter wird bald unser erstes Enkelkind zur Welt
bringen, worauf wir uns sehr freuen. Wir möchten dem Kind
gern ein Sparbuch einrichten, etwas langfristiges, das erst in 15
bis 21 Jahren fällig wird. Wozu würden Sie uns raten? Am liebsten wäre uns etwas möglichst Unkompliziertes.*

A **Hier ein paar Vorschläge**
Sie haben verschiedene Möglichkeiten. Ich denke, die
meisten Finanzplaner würden Ihnen nicht zu einem klassischen Sparbuch raten. Wahrscheinlich werden Sie an
der Börse eine bessere Rendite erzielen, weil sie genügend
Zeit haben, um Schwankungen abzuwarten. Hier haben Sie
wiederum zwei Wahlmöglichkeiten: den offenen oder den
geschlossenen Investmentfonds. Beide kosten Gebühren,
bieten aber die Aussicht auf hohe Rendite. Wie der Name
schon vermuten lässt, ist der offene Fonds die flexiblere Form
der Geldanlage. Am besten lassen Sie sich von Banken oder
anderen Finanzdienstleistern über deren Angebote beraten.
Weitere Möglichkeiten sind Treuhänderfonds, Lebensver-
sicherungen oder Bausparverträge. Die einfachste Variante
ist nach wie vor ein Sparbuch im Namen des Enkelkindes zu
eröffnen. Erkundigen Sie sich vorab immer auch nach anfal-
lenden Gebühren und Steuern, die Sie bzw. Ihre Kinder oder
Enkel später zu entrichten haben.

F Meine Tochter ist zu verschwenderisch. Was können wir dagegen tun?

Wir wissen einfach nicht, was wir gegen den verschwende-rischen Lebensstil meiner Tochter unternehmen sollen. Wir haben Angst, dass unsere Enkel eines Tages darunter zu leiden haben. Wie können wir am besten helfen?

A Stellen Sie zusammen einen Haushaltsplan auf.

Viele Geldangelegenheiten sind nur eine Frage der richtigen Angewohnheiten. Als Erstes sollten Sie sich zusam-mensetzen und alle Ausgaben in einer repräsentativen Woche auflisten (Lebensmittel, Benzin, Fahrscheine, Kleidung usw.). Dann fertigen Sie eine zweite Liste aller Einkünfte an.

Falls Sie gerade so über die Runden kommen, ohne irgendet-was beiseitezulegen, dann gibt es eine Reihe von Tricks, um Schritt für Schritt aus dem Minus zu kommen:

- Bei hohen Telefon- und Internetkosten, Wasser-, Strom- oder Gasrechnungen: Suchen Sie günstigere Anbieter.
- Handyrechnungen sind oft Schocker. Einen besseren Über-blick behält man mit Prepaid-Karten.
- Fertigprodukte sind letzlich teurer als frisches Essen
- Das Auto so selten wie möglich benutzen – lieber zu Fuß gehen, das Fahrrad oder öffentliche Verkehrsmittel nehmen!
- Kinderkleidung und Spielzeug, sind aus zweiter Hand für einen Bruchteil des ursprünglichen Preises zu haben.
- Halten Sie stets nach günstigen Angeboten Ausschau, ohne auf den Reiz von schlechten Billigprodukten hereinzufallen.

Register

Dank

Ich danke meiner Assistentin Beth Milner für das Abtippen des Manuskripts. Danke auch an die Leser des *Daily Mirror* sowie an Shelley-Anne Meekcomes und Linda Husband, die mir mit all den interessanten Szenarios, die in diesem Buch auftauchen, geholfen haben.

Ich stehe tief in der Schuld meiner langjährigen Lektorin und Freundin Jinny Johnson, die meine Arbeit stets verbessert. Danke auch an Kathy Gammon und Marianne Markham, deren Bereitschaft, etwas Neues auszuprobieren, den besonderen Charme dieses Buch hervorgebracht hat.

Meine Enkel Eden, Violet und Brodie trugen mit ihren Bildern, die sie mir schenkten, versehentlich zur Illustration dieses Buches bei – vielen Dank auch an Euch! Ein großes Dankeschön geht an Ruby und Alice Martin und Georgina Robinson, ebenfalls für ihre Bilder, und an Euan Grimshaw für seine Handschrift auf dem Cover.

Die auf Seite 17 erwähnte finnische Studie »Fitness benefits of prolonged port-reproductive lifespan in women« erschien im Fachmagazin *Nature* (Band 428, S. 178–81, Ausgabe vom 11.03.2004).